# SNCF :
## un scandale français

Retards, emplois détruits,
manque à gagner, dette secrète,
subventions déguisées

Groupe Eyrolles
61, bd Saint-Germain
75240 Paris cedex 05

www.editions-eyrolles.com

**Du même auteur chez le même éditeur**

*La bataille du pouvoir d'achat, Comment la gagner*, 2008.

Le Code de la propriété intellectuelle du 1er juillet 1992 interdit en effet expressément la photocopie à usage collectif sans autorisation des ayants droit. Or, cette pratique s'est généralisée notamment dans l'enseignement, provoquant une baisse brutale des achats de livres, au point que la possibilité même pour les auteurs de créer des œuvres nouvelles et de les faire éditer correctement est aujourd'hui menacée. En application de la loi du 11 mars 1957, il est interdit de reproduire intégralement ou partiellement le présent ouvrage, sur quelque support que ce soit, sans autorisation de l'Éditeur ou du Centre Français d'Exploitation du Droit de copie, 20, rue des Grands-Augustins, 75006 Paris.

Pascal PERRI

# SNCF :
# un scandale français

Retards, emplois détruits,
manque à gagner, dette secrète,
subventions déguisées

**EYROLLES**

# Sommaire

# Introduction



## ■ LA SNCF, UN SCANDALE FRANÇAIS ?

À ce stade, il faut bien s'entendre sur les mots. Le train, en tant que moyen de transport, est utile à la nation. Il a été un formidable outil d'aménagement de l'espace. Non, ce qui est un scandale français, c'est la gestion de la SNCF et, pire encore, l'enfumage méthodique et systématique des citoyens consommateurs que nous sommes. Avec la SNCF, nous n'avons qu'un seul droit : payer et nous taire. Je pense aux Français dont les régions ne sont pas irriguées par des lignes à grande vitesse, aux « usagers » qui restent des heures sur des quais de gare car rien ne saurait mettre en cause le droit de grève constitutionnel des « salariés du service public », je pense aussi aux Franciliens qui, jour après jour, cumulent les retards et les conditions de transport indignes dans des trains vieillots.

À côté de cette image des chemins de fer, il y a l'image de l'opérateur ultramoderne, l'image du TGV français et du record du monde de vitesse. Le train à grande vitesse est incontestablement une grande réussite commerciale et technologique. Il est confortable et performant. Partout où il s'est imposé, comme entre Bruxelles et Paris, Marseille et Paris, Strasbourg et Paris, Londres et Paris, il est devenu le leader du marché, reléguant le transport aérien à un rôle secondaire. Mais est-il pour autant un monopole vertueux ? Un monopole qui fait baisser les prix ? La réponse est malheureusement non. Et sans ambiguïté. Là où le TGV a chassé l'avion du marché, les prix sont élevés, voire très élevés. La SNCF se comporte ici comme une entreprise privée en situation de quasi-monopole. Est-elle dans son rôle ? Nous allons voir que le vrai scandale est dans les comptes de l'entreprise. Non seulement la SNCF fait augmenter les prix des billets pour renforcer son résultat, comme si elle était vraiment une entreprise du marché, mais, de l'autre main, ès qualités d'entreprise publique, elle est très largement subventionnée par son actionnaire l'État et, par conséquent, par chacun d'entre nous qui sommes aussi potentiellement ses « clients ». Pour la SNCF, c'est donc le système « ceinture et bretelle » : entreprise privée quand il s'agit de présenter des comptes excédentaires, entreprise publique quand il s'agit de recevoir des abondements publics.

## ■ LES VACHES SACRÉES

Le débat autour du statut des personnels de la SNCF est pavé de mauvaises intentions. Les usagers peuvent légitimement avoir le sentiment que le plus important dans le service public, c'est d'abord le statut des personnels. Le service au public arrive ensuite. Le débat sur l'évolution des avantages des cheminots doit être examiné froidement. Le contrat que beaucoup d'entre eux ont accepté repose sur un compromis : un salaire moyen contre une garantie d'emploi dans l'entreprise. Soit ! Mais, pour rester pertinents, tous les compromis ont besoin d'évoluer dans le respect de la parole donnée. Le monde a changé, les conditions de travail aussi. On peut admettre le stress, l'éloignement de la famille, mais on doit en revanche combattre l'immobilisme et la mauvaise foi. Je me rappelle d'un débat à la radio avec un syndicaliste de la SNCF au moment du conflit des retraites : « *Savez-vous, Monsieur,* m'avait-il asséné comme un argument définitif, *que l'espérance de vie moyenne d'un cheminot est de 52 ans ?* » Ce salarié avait raison, mais il parlait de l'espérance de vie d'un machiniste sur locomotive à vapeur en… 1947 ! Les consommateurs doivent savoir que le système de retraite des agents de la SNCF est désormais en dehors du budget de l'entreprise. Et pour cause : le système compte un actif pour deux inactifs ! Comment l'équilibrer sans faire appel à l'argent public et, une fois encore, aux contribuables ?

## ■ AU MOINS, DIRE LA VÉRITÉ !

Le travail que je vous propose sur les comptes de la SNCF a été conduit à charge et à décharge, c'est-à-dire dans un esprit qui exclut tout compromis avec le mensonge. Pour que les choses soient claires, je me place du point de vue du consommateur, qu'on l'appelle client ou usager, et non du point de vue de l'entreprise. Dans une économie ouverte, c'est le marché qui vote, et le devoir des entreprises, c'est d'écouter la voix des consommateurs. Le premier devoir d'une entreprise en situation de monopole, comme c'est encore le cas de la SNCF, c'est de dire la vérité sur les comptes. Or, il apparaît très clairement que la vérité est cachée, maquillée ou tronquée. Le nouveau président de la SNCF a voulu commencer son mandat sur un coup d'éclat : publier des comptes au vert et verser des dividendes à l'actionnaire de référence. Cette opération relève du tour de passe-passe. Les comptes ne sont ni sincères ni réalistes. J'entends démontrer dans le premier chapitre de ce livre que l'opération de bonneteau qui a consisté, en 1997 et après, à isoler les dettes de la SNCF dans une structure de cantonnement est proprement scandaleuse. Depuis la réforme portée par Jean-Claude Gayssot, ancien ministre des Transports, RFF (Réseau ferré de France) porte le lourd fardeau des chemins de fer français. Pire, le schéma général de collaboration entre les deux entreprises a été conçu pour rendre la « mariée plus belle », sans aucun souci de transparence économique et financière.

## ■ LE TGV ET LE DÉSERT FRANÇAIS

La situation du transport en Île-de-France est critique : 2,6 millions de voyageurs par jour, et 10 % de trains en retard. Les passagers du réseau francilien circulent encore trop souvent dans « les petits gris », ces trains vieillots et inconfortables mis en circulation il y a plus de trente ans. Le réseau est lui aussi saturé. Paris pousse ses limites loin du centre. L'étalement urbain contraint les familles à s'installer sans cesse plus loin du lieu de travail, souvent pour des raisons économiques. Que faire ? Les investissements sur le réseau francilien n'ont jamais été à la hauteur des enjeux. Il y a pourtant des solutions. En région, il y a deux ou trois France ferroviaires. La France des TGV, celle des Théoz et celle des trains régionaux. Les trains qui circulent aujourd'hui entre Toulouse et Paris, *via* Brive et Limoges, sont moins rapides que le Capitole il y a vingt-cinq ans ! Du coup, le transport aérien représente 85 % des trajets entre Paris et Toulouse (hors déplacements en voiture). Le vrai désert ferroviaire français s'étend de Châteauroux, au nord, à Rodez, au sud, et de Poitiers, à l'ouest, jusqu'aux monts du Forez, à l'est. Dans cet espace, les liaisons Nord-Sud et les liaisons transversales sont d'un autre âge. À elle seule, la ligne entre Aurillac et Clermont-Ferrand est emblématique de la situation générale des chemins de fer en France. Des voitures neuves et climatisées, très confortables, mais un réseau qui oblige trop souvent à rouler à très petite vitesse, quand ce n'est pas au rythme de la marche à pied !

Cet ouvrage a pour ambition de livrer un diagnostic précis et documenté sur les activités et les comptes de la SNCF. Il ne vise pas à remettre en question la pertinence du mode de transport ferré, mais à éclairer sa réalité et à proposer des solutions pour faire mieux sans dépenser plus.

# 1

# Le lion SNCF et l'âne RFF

## ■ UNE OPÉRATION DE BONNETEAU

La grande réforme de 1997, séparant le réseau ferroviaire du reste de l'activité, répondait à une directive européenne sur l'arrivée de la concurrence entre opérateurs à l'échelon communautaire. Pour être direct, la nouvelle architecture du rail devait permettre à des sociétés européennes de transport ferroviaire, comme les chemins de fer allemands, espagnols ou italiens, d'opérer sur le rail français. Le gouvernement français de l'époque s'est servi de l'objectif économique pour servir très opportunément une finalité politique. L'objectif économique visait à rendre possible la finalité politique : faire de la SNCF une entreprise de service public vierge de dettes, pour la rendre acceptable aux yeux des citoyens contribuables et valider la priorité donnée au rail sur l'aérien, au nom de préoccupations environnementales.

En 1997, le ministre des Transports s'appelle Jean-Claude Gayssot. Pour le communiste qu'il est, la SNCF est une terre de mission, un service public essentiel, très fortement syndicalisé, symbole parmi tous des luttes sociales. La SNCF est à ses yeux une vitrine politique qu'il faut absolument sauver du naufrage. Mais Jean-Claude Gayssot est aussi un militant pragmatique. Ses conseillers savent lire les chiffres d'exploitation et les bilans de l'entreprise. L'endettement explose ; en dépit des progrès remarquables du TGV, la société nationale perd beaucoup d'argent et ses dirigeants ne veulent ou ne peuvent pas changer les règles d'emploi et de rémunération des personnels. Dans les comptes de la SNCF, les rémunérations représentent plus de la moitié des recettes. Si la SNCF ne devait compter que sur ses recettes « passagers », elle ne serait pas en situation de payer les salaires des cheminots ! Alors, que faire ? L'entreprise nationale va bénéficier d'un traitement dont rêvent tous les chefs d'entreprise, privés ou publics : se débarrasser de ses dettes. RFF, Réseau ferré de France, est créé. On y loge tout ce qui pèse lourd dans le passif de la SNCF : 28 milliards d'euros de dettes, dont 12 sont qualifiés de non remboursables !

L'opération est presque comparable à celle menée par l'État suite aux mécomptes du Crédit Lyonnais : dans cette affaire, le CDR, le Consortium de réalisation, avait été chargé de réaliser les actifs pourris de la banque. Dans le cas de RFF, la structure de cantonnement est avant tout destinée à geler la dette de la

SNCF. Pire, la réforme aboutit à une véritable usine à gaz. La SNCF devient délégataire d'une partie des fonctions d'entretien du réseau appartenant à RFF, au terme d'un contrat signé avec ce même RFF ! Pour comprendre, il faut distinguer la répartition de propriété des actifs et la responsabilité des fonctions.

### RFF et SNCF : propriété des actifs

| Réseau ferré de France | SNCF |
|---|---|
| Voies | Gares |
| Quais | Panneaux publicitaires |
| Verrières | |
| Petits aiguillages | Centres de contrôle |
| | Centres techniques dont le bâti |
| Foncier dont les voies | |
| Centres techniques SNCF | |

### RFF et SNCF : responsabilité

| Réseau ferré de France | SNCF (opérateur) |
|---|---|
| Voies | Sillons (la SNCF attribue les sillons pour le compte de RFF) |
| Tracé des sillons | |
| Circulation opérationnelle | Circulation |
| Aiguillages | |
| DETTES | Entretien des voies |

Comme on le voit, la situation de partage des actifs et des tâches est loin d'être limpide. La SNCF reçoit une rémunération pour l'entretien des voies qui lui appartenaient, mais qui sont désormais la propriété de Réseau ferré de France. RFF peut faire appel à de nouveaux opérateurs pour la construction de lignes nouvelles, mais en aucune façon pour celles qui existent déjà. Dans son rapport 2008, la Cour des comptes estimait que « *le partage des responsabilités entre les deux établissements demeure très confus* » et que RFF n'avait « *pas été doté des moyens d'exercer ses missions* ».

La SNCF a gardé dans son périmètre de propriété les gares et les panneaux publicitaires. Elle conserve les principaux centres de résultat après s'être délestée des principaux centres de coûts. Le « Yalta » du transport ferroviaire permet au président de la SNCF de rugir comme un lion en annonçant le redressement historique des comptes de l'entreprise au moment où l'âne RFF ploie sous le poids de la dette.

Ce partage des responsabilités se traduit évidemment sur le plan comptable et financier. C'est ici que se trouve le véritable scandale. L'État a autorisé un dispositif qui est contraire aux règles de l'équité et qui fait bondir autant les chefs d'entreprise que les usagers contribuables. Examinons les flux financiers entre les deux entreprises : la SNCF loue des passages sur le rail à RFF mais entretient les voies pour le compte de RFF. Chacune des deux entreprises facture sa prestation.

Or voici comment se traduit l'équation :

**Flux financiers entre la SNCF et RFF 2007**

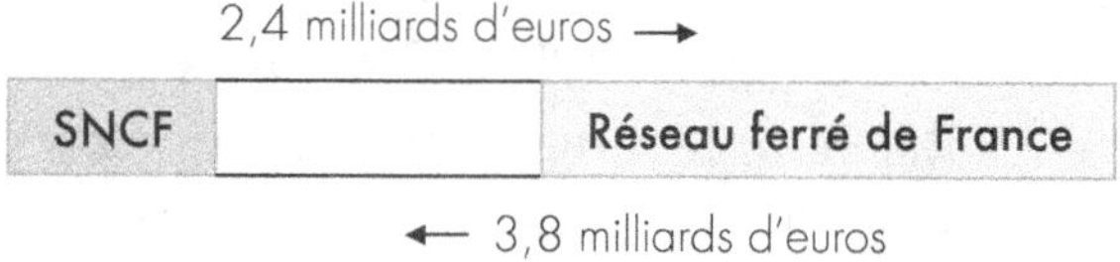


Non seulement la SNCF s'est débarrassée de sa dette sur RFF, mais elle sort gagnante de la collaboration réciproque mise en œuvre par la réforme. Selon le journal *Le Figaro* qui affirmait dans son édition du 1<sup>er</sup> octobre 2008 s'être procuré des informations fiables, la SNCF dégage jusqu'à 15 % de marge sur les travaux d'entretien du réseau. Autrement dit, on autorise la SNCF à se payer sur la bête, après l'avoir chargée de son passif. RFF ne dispose pas de collaborateurs qui seraient à même de travailler à l'entretien de son propre réseau et doit, au terme d'une convention bilatérale, confier ces opérations aux équipes de la SNCF. Pourquoi dès lors avoir créé RFF si l'entreprise n'est pas en mesure d'entretenir son propre réseau ? La seule réponse adéquate est que RFF n'a pas d'autre fonction que de porter les dettes de son partenaire et de justifier des flux financiers pour le moins déséquilibrés !

## ■ LE PRINCIPE DU JUSTE PRIX

Quand on consulte des professionnels du gros œuvre employés en qualité de sous-traitants, une partie du voile se lève : la SNCF facture en moyenne 70 000 € à RFF pour le remplacement d'une caténaire sur un segment de 1,2 kilomètre. Les sous-traitants facturent 27 000 € à la SNCF pour leur intervention sur ce périmètre de chantier. Le cuivre, pour 1,2 kilomètre de voie, revient à 25 000 €, la main-d'œuvre et le matériel engagé à 11 000 €, et les frais d'étude du chantier sont facturés 10 000 €. C'est sur ces derniers 10 000 € que porte le débat. Tous les spécialistes consultés affirment que le remplacement d'une caténaire, dans la grande majorité des cas, ne nécessite pas d'étude préalable. Quant au prix du cuivre, son cours varie selon les mouvements du marché.

Le remplacement de la voie serait aussi un business juteux pour la SNCF : le coût de remplacement du mètre linéaire de voie est variable selon des considérations géographiques, mais c'est là encore la structure de coût qui soulève des questions. Le prix facturé par la SNCF à RFF se décompose en trois tiers : un tiers correspondant à la matière première, le ballast, les traverses et le rail ; puis un second tiers qui rémunère la main-d'œuvre ; enfin, un tiers qui finance des études d'ingénierie. Le prix du mètre posé varie de 300 à 1 000 €. Un kilomètre est donc facturé de 300 000 à 1 000 000 €. Dans le premier cas, les études d'ingénierie correspondent à un montant de 100 000 €, dans le second, sans doute plus justifiable en raison de difficultés d'ordre topographique, la matière grise est facturée 300 000 €. Personne n'aurait à cœur de contester le sérieux des travaux entrepris, pas plus que leur qualité. La sécurité ne se négocie pas. Mais doit-elle pour autant donner lieu à des facturations disproportionnées ? Pour la Cour des comptes, les coûts élevés d'entretien du réseau sont dus pour partie « *à une organisation inadéquate de la SNCF* ». Le capital mobilisé provient de la sphère publique, et par conséquent de la contribution fiscale des Français. Dans l'absolu, c'est une raison supplémentaire pour respecter le principe du juste prix.

## ■ LA QUESTION DES PÉAGES

Le prix des péages... Encore une anomalie ! Pour reprendre l'expression du professeur Rémy Prud' homme (université de Paris XII), « *la structure des péages payés par la SNCF à RFF résulte de décisions politiques ou de pressions de la SNCF sans fondements socio-économiques précis ou solides* ». Le montant payé par l'utilisateur du réseau ferré ne couvre même pas les dépenses d'entretien du réseau. Pire encore, la masse de capital ferroviaire est offerte à la SNCF. De quoi s'agit-il ?

Le stock de capital correspond à la quantité d'investissements qui ont été nécessaires pour constituer et entretenir le réseau tel qu'il est au moment M. Ce stock évolue avec le temps. Si l'on admet, par exemple, que l'État actionnaire a injecté, *a minima*, 1,5 milliard d'euros chaque année depuis un siècle, le stock de capital s'établit à 150 milliards d'euros. Le propriétaire d'un actif qui est estimé à 150 milliards d'euros ne va pas faire payer le locataire ou l'utilisateur pour le total de la valeur détenue et « stockée », mais il va en revanche prendre une rémunération qui correspond au coût d'opportunité de ce capital. C'est le cas pour toutes les activités en réseau. Si le taux est de 4 %, ce qui est raisonnable, le coût d'opportunité du capital sera de 6 milliards (150 m$^{ds}$ × 4 % = 6 m$^{ds}$). RFF devrait donc retenir ces 6 milliards pour calculer ses péages, et y ajouter au moins les coûts d'entretien du réseau pour un montant sous-évalué de 2,9 milliards. Nous en sommes à 8,9 milliards. Mais c'est encore insuffisant pour tirer un trait et faire une addition. Une dépense financée par l'impôt coûte plus cher que son montant nominal. Imaginons une dépense publique de 1 000 € financée par l'impôt. Ces 1 000 € sont perdus pour l'économie. Ils ne se transformeront ni en investissement ni en travail. Le manque à gagner s'exprime *a contrario*, mais il y a incontestablement une perte d'opportunité en matière de création de richesse. Le Commissariat général au Plan a calculé cet impact en coût d'opportunité à hauteur de 50 %. Un financement par l'impôt de 1 000 € coûte en réalité 1 500 €. Appliquons cette règle proposée par les experts du Plan au cas de la SNCF : nous atteignons la somme de 11,9 milliards d'euros par an.

### Coût d'un financement par l'impôt

| | |
|---|---|
| Stock de capital à 4 % | 150 m$^{ds}$€ × 4 % = 6 m$^{ds}$€ |
| Coût d'opportunité de l'impôt | 50 % de 6 = 3 m$^{ds}$€ |
| Coût de maintenance (variable) | 2,9 m$^{ds}$€ |
| Total | 11,9 m$^{ds}$€ |

Dans un schéma classique impliquant une parfaite bonne foi économique, la SNCF devrait payer, *a minima*, 11,9 milliards d'euros par an à RFF au titre des péages. Mais, en réalité, la facture est de moins de 3 milliards d'euros, compensée, nous l'avons vu, par la note salée que la SNCF adresse chaque année à RFF au titre du contrat d'entretien du réseau ! Le système est contraire à toutes les règles d'éthique.

En droit, on qualifie de léonin un contrat déséquilibré qui donne tout à l'une des parties et rien à l'autre, fut-ce à sa demande. La loi a voulu protéger le faible qui accepte de se laisser dépouiller. Mais que fait la loi pour rééquilibrer la relation entre RFF et la SNCF ? Quelle politique peut bien justifier un tel montage, financé par l'argent des contribuables ? Les consommateurs savent ce que veut dire l'expression « des prix à la tête du client ». Ils savent que tout le monde ne paye pas le même prix pour le même bien ou le même service, mais ils savent que quelqu'un finit par payer, qu'il s'agisse du consommateur ou du contribuable. La réforme en cours des péages ferroviaires doit permettre, selon l'expression de RFF, d'« *assurer une meilleure transparence des coûts du réseau*[1] ». Les péages seront calculés autour de trois contributions : une redevance d'accès (pour payer les coûts fixes supportés par l'État), une redevance d'usage ou de circulation et une redevance de réservation (pour provisionner le capital nécessaire à la construction de nouvelles lignes à grande vitesse).

---

1. Hervé De Trégolé, directeur général adjoint de RFF, in *Les Échos* du 25 novembre 2008.

## ■ LA TARIFICATION AU COÛT MARGINAL

Amis lecteurs, vous qui n'avez pas fait de longues études économiques, ne vous laissez pas impressionner par ce terme et ne reposez pas ce livre. L'explication de la tarification au coût marginal est très simple.

Prenons un exemple du quotidien : quand un industriel produit un bien, il calcule son prix de revient. Il intègre son investissement (les bâtiments qui abritent ses chaînes de production, les chaînes elles-mêmes, les coûts de structure de son entreprise, etc.) et les coûts qui entrent directement dans la fabrication du produit (matières premières, électricité, etc.). Le prix de vente du produit est le résultat de tous ces facteurs. Le coût marginal est le coût d'une unité supplémentaire produite. Si cet industriel vend ses produits au prix de l'unité supplémentaire, il ne couvre pas les charges de l'entreprise.

Dans le cas de la SNCF et de RFF, le réseau ne facture à la SNCF qu'un coût marginal. Dans cette activité très capitalistique qu'est le chemin de fer (coût du réseau et de son entretien), le stock de capital ferroviaire est offert à la SNCF. Celle-ci ne paye que le coût de l'entretien à un prix très en dessous de la vérité économique (de surcroît, elle surfacture l'entretien du réseau propriété de RFF). Au passage, rappelons ici que la réglementation européenne interdit et sanctionne lourdement la vente à perte. On interdit la vente à perte dans la grande distribution, mais elle est encouragée par l'État dans le cas de RFF. Tout serait parfait dans le meilleur des mondes si l'investissement déjà consenti par la communauté nationale (vous et moi) pouvait être rayé d'un trait de plume. Mais que dire des 70 milliards d'euros qui sont annoncés pour l'extension et la modernisation du réseau ? Ces 70 milliards seront bien « décaissés » par l'État et ils finiront soit en dettes publiques, soit en impôts, le premier conduisant en général au second.

Les coûts de péage offerts à la SNCF l'ont été uniquement en fonction de sa capacité contributive. Dans le langage populaire, on dirait que c'est « à votre bon cœur » ! Les niveaux de péage relèvent d'un arbitrage politique. L'État a dans ce cas, comme dans beaucoup d'autres, le monopole de la décision et de la coercition. Mais pourquoi ne pas le dire clairement aux citoyens ? N'est-ce pas un problème de démocratie économique ? Si la SNCF devait payer le coût complet de ses passages sur le réseau, la facture passerait de moins de 3 milliards d'euros par an à plus de 11. Il est urgent d'ouvrir ce débat avec l'opinion publique, au moins pour l'informer des enjeux du développement ferroviaire. Cet effort de pédagogie s'impose au moment où la France a donné une priorité forte au rail et entend consacrer des dizaines de milliards d'euros à l'investissement. Les actionnaires de la maison France ont le droit de savoir et peuvent exprimer leur opinion.

Au début de l'année 2009, en écho au Plan de relance par l'investissement défendu par le président Sarkozy et le gouvernement de François Fillon, la

SNCF est appelée en renfort. L'État et les entreprises publiques devront montrer l'exemple, fut-ce au prix fort. Guillaume Pépy est donc prié d'améliorer son plan d'investissement. La SNCF avait prévu 1,6 milliard pour 2009. Elle fera un effort supplémentaire d'investissement de plus de 380 millions d'euros. Ce que l'on ne dit pas aux Français, c'est que la capacité d'autofinancement de l'entreprise est insuffisante. La SNCF devra emprunter pour financer son surplus d'investissement. Elle devra le faire au pire moment. Selon des sources internes, le chiffre d'affaires de l'entreprise accusera cette année un retard de plus de 350 millions d'euros (à périmètre constant) sur la feuille de route du plan Pépy intitulé « Destination 2012 ». Qui sait aujourd'hui comment la SNCF supportera ce fardeau supplémentaire ? Appelée à la rescousse du Plan de relance, elle devra aussi créer des milliers d'emplois. On parle de 8 000 embauches en 2009. Là encore, qui paiera ? RFF à qui l'État demandera un moratoire sur l'augmentation des péages ? La SNCF, elle-même, qui devra s'endetter ? Ou peut-être les deux ?

Dans un rapport parlementaire, intitulé « Péages ferroviaires : pour la vérité des coûts », rendu en mai 2008, le député Hervé Mariton attire l'attention sur le cas particulier du fret. Le passage d'un train de fret est facturé moins cher à la SNCF que celui d'un train de passagers. Une solution consisterait à facturer plus cher les TGV pour assurer une péréquation des tarifs. M. Mariton propose à l'inverse que la vérité des coûts soit respectée dans les tarifs de sorte « *que le rôle respectif du consommateur et du contribuable dans le financement des services ferroviaires soit clarifié… La question ultime est de savoir qui du consommateur ou du contribuable doit financer les activités ferroviaires* ». Un peu plus loin, le rapport soutien *que* « *les cas les plus critiques sont ceux des trains Corail et du fret. Les péages des trains Corail ne couvrent que les coûts variables. Les péages du fret ne couvrent même pas les coûts variables. Il y a, dans ce cas, destruction de valeur à chaque fois qu'un convoi fret circule* ».

À ce stade, il apparaît difficile de trancher le débat. Il existe cependant une préconisation de la Commission européenne : la tarification au coût marginal social. C'est un étalon précieux dont la vocation est précisément de présenter une facture réaliste. La tarification au coût social marginal inclut l'entretien, la provision de capital en cas de congestion du réseau (il faut alors construire des voies supplémentaires), mais aussi les coûts externes environnementaux.

Sur ce dernier point, pèse un lourd silence. Le train est, dit-on, le moyen de transport le plus respectueux de l'environnement. Ce serait une raison de plus pour présenter une facture verte fidèle à la réalité. Mais nous savons tous que les questions d'environnement sont en général mobilisées pour inciter les Français à moins rouler avec leur voiture. Dans ces conditions, le débat est faussé. Il l'est d'autant plus que toute appréciation des péages « *ne serait pas sans conséquence sur les résultats* [du locataire]. *Or, la SNCF est, à l'heure actuelle, deux fois moins rentable que la Deutsche Bahn* ».

### Qui a payé la ligne à grande vitesse Paris-Strasbourg ?

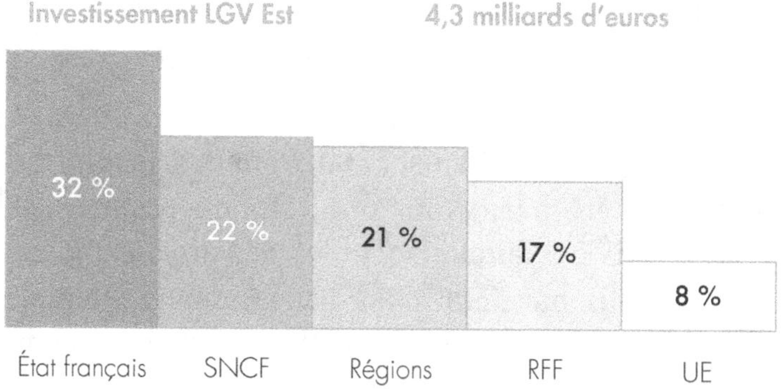


Le cas de la LGV Est, de Paris Est à Reims, Metz-Nancy et Strasbourg, est exemplaire. Cette ligne est utile aux habitants de l'est de la France et relie le réseau français aux voix allemandes. C'est un outil de construction d'un réseau européen à grande vitesse. Soit !

La SNCF a contribué à ce chantier à hauteur de 22 % de son coût, nous dit-on. Mais, quand on regarde de plus près, on s'aperçoit que, sur sa contribution, la SNCF consacre 800 millions d'euros au matériel roulant et 80 millions d'euros aux gares et aux installations de maintenance. En revanche, rien au réseau lui-même. L'État, RFF, l'Union européenne et les régions françaises ont abondé seuls au financement de l'infrastructure. Traduit en langage courant, cela veut dire que c'est l'argent des contribuables qui a payé le rail et le ballast pour que la SNCF puisse l'utiliser aux conditions de péage que nous venons de décrire et vendre ses produits aux consommateurs ! L'État, RFF, l'Union européenne et les Régions sont autant de structures alimentées par l'argent des Français.

En réalité, dans l'esprit des dirigeants de la SNCF, les plus récents comme les plus anciens, RFF est une fiction juridique : RFF, c'est l'État. Pour eux, la réforme de 1997 a été avant tout une réforme cosmétique ayant consisté à faire financer les déficits d'exploitation non plus par l'État mais par la nouvelle entité, comme si l'on avait seulement changé de raison sociale ! Le cas du réseau LGV Est montre que non seulement la SNCF ne se sent plus liée par ses dettes anciennes, mais que, de surcroît, elle estime disposer d'un droit de tirage illimité sur RFF et sur l'État. Cette situation est scandaleuse du point de vue du simple contribuable à qui l'on demande, les yeux fermés, de financer une activité structurellement déficitaire. Un autre aspect encore plus inéquitable mérite d'être relevé.

Quand le marché sera totalement libre entre l'Allemagne et la France, la Deutsche Bahn utilisera le réseau français entre Strasbourg et Paris. Mais à quel prix paiera-t-elle ses passages à RFF ? Au prix réel, c'est-à-dire beaucoup plus cher que la SNCF, sa concurrente (ce qui est inenvisageable du point de vue des règles de concurrence européennes) ou au même prix que la SNCF ? Si tel est le cas, elle paiera simplement le tarif au coût marginal. En d'autres termes, le contribuable français, qui finance à perte le réseau des voies ferrées, subventionnera indirectement les chemins de fer allemands. La même remarque pourra s'appliquer à toutes les lignes françaises ouvertes à la concurrence des opérateurs, entre la France et l'Espagne ou la France et l'Italie.

L'État a, là encore, le devoir d'informer clairement les Français. Pour ma part, je pose une question simple. Les contribuables français savent-ils qu'ils payent pour que des opérateurs européens utilisent le rail français en dessous de son coût d'investissement et d'entretien, et, si oui, sont-ils d'accord pour continuer à soutenir ces entreprises par leurs impôts ? Pour alimenter le débat, voici présentés les termes de l'équation selon des chiffres de l'agence McKinsey datant de 2006.

## Coûts et recettes TGV sur Paris-Strasbourg

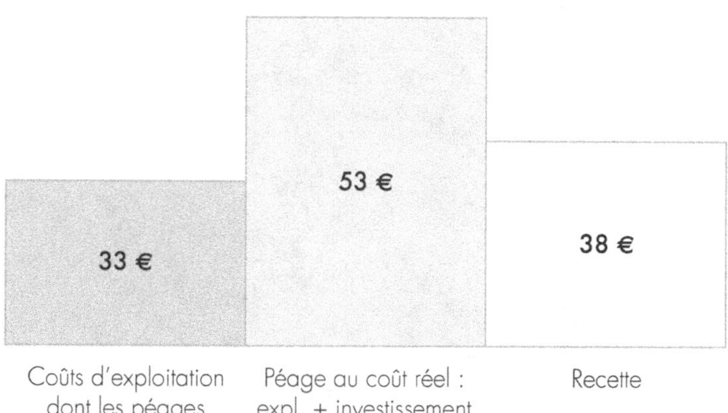

Sur un billet entre Paris et Strasbourg, le coût de production actuel de la SNCF est de 33 €, en incluant les péages au coût marginal. Si la SNCF devait payer un péage au coût complet (intégrant tous les investissements), le coût de production d'une place de train serait de 53 €. Or, la recette moyenne est de 38 €. Dans la deuxième hypothèse, celle d'un coût de production complet, la SNCF perdrait 53 − 38 = 15 € par passager et par trajet.

## ■ PETITE FABLE FERROVIAIRE

C'est donc l'histoire d'un dédoublement de personnalité économique. M. Labiche, dont les voyages sont connus dans la littérature, paye son trajet Paris-Strasbourg au prix de 38 €. Il croit avoir fait une bonne affaire. Mais ce que M. Labiche voyageur ne sait pas, c'est que M. Labiche contribuable va devoir supporter la différence entre le coût réel du péage 53 € et le prix effectivement payé par le transporteur, soit 33 €. M. Labiche aura une double facture : 38 € ès qualités de voyageur et 20 € ès qualités de contribuable, soit un total de 58 €. Tous les Français qui partent en vacances en voiture particulière en utilisant les autoroutes apprécieraient sans doute que les sociétés d'exploitation ne facturent que le coût marginal, sans tenir compte de l'investissement de départ... Les péages seraient meilleur marché, mais l'automobiliste n'est pas un usager de la SNCF !

## ▪ À QUI PERD GAGNE !

La logique voudrait que les péages payés par la SNCF à RFF tiennent compte de paramètres économiques basiques. Plus la construction de l'infrastructure coûte cher, plus les péages sont élevés. Plus la voie est amortie, plus les péages sont allégés... Dans le cas de la SNCF c'est l'inverse qui se produit. Un ancien haut dirigeant de la société commente sous couvert de l'anonymat : « *Le mode de facturation de RFF a pour vocation de soutenir la course aux réseaux supplémentaires et à la grande vitesse que poursuit la SNCF.* »

Pour résumer, les trajets courts payent pour les trajets longs selon un principe de péréquation. Le segment Paris-Lyon (le plus utilisé, et donc le plus amorti) est facturé plus cher à l'opérateur que le reste de la ligne entre Lyon et Marseille (moins utilisé, et donc moins amorti). Illogique sur le plan économique, mais acceptable en revanche du point de vue de l'aménagement du territoire. Les Français ont un accès égal aux transports. L'État est dans son rôle quand il corrige les inégalités liées à l'éloignement géographique. Autrement dit, la solidarité nationale impose de faire payer ceux qui sont au centre pour ceux qui sont à la périphérie. Je ne trouve rien à réduire à ce principe qui s'inspire de l'égalité républicaine. En revanche, je dénonce l'assignation à territoire dont sont victimes tous les Français éloignés du centre et... des lignes à grande vitesse. Après tout, un Français de Gourdon, d'Aurillac, de Chaumont ou de Beauvais est un Français à part entière et non entièrement à part... On lui demande pourtant le même effort contributif qu'un Français de Lyon, Marseille, Tours, Lille ou Reims.

### Les investissements sur le réseau à grande vitesse

| Destination | Investissement en milliard € | Distance en km | Investissement au km en million € |
|---|---|---|---|
| Paris-Lyon | 1,67 m$^{ds}$€ | 389 | 4,30 m$^{ns}$€ |
| Atlantique | 2,60 m$^{ds}$€ | 279 | 9,40 m$^{ns}$€ |
| Nord | 3,33 m$^{ds}$€ | 333 | 10,00 m$^{ns}$€ |
| Lyon-Valence | 1,20 m$^{ds}$€ | 115 | 11,00 m$^{ns}$€ |
| Valence-Marseille | 4,30 m$^{ds}$€ | 250 | 17,10 m$^{ns}$€ |
| TGV Est | 5,00 m$^{ds}$€ | 300 | 15,60 m$^{ns}$€ |

### Péage pour le passage d'un train sur Paris-Lyon-Marseille

Paris-Lyon = 389 km × 11,40 € = **4 434 €**

Lyon-Marseille = 300 km × 5,10 € + 65 km × 2,61 €
= 1 530 € + 170 € = **1 700 €**

On peinerait à saisir la logique qui prévaut dans la politique tarifaire de RFF si l'on ne resituait pas cette lancinante question dans la logique de développement tous azimuts qui prévaut à la présidence de la SNCF. En réalité, les projets futurs de lignes à grande vitesse dépendent de la saturation des lignes actuelles.

## Le prix des péages

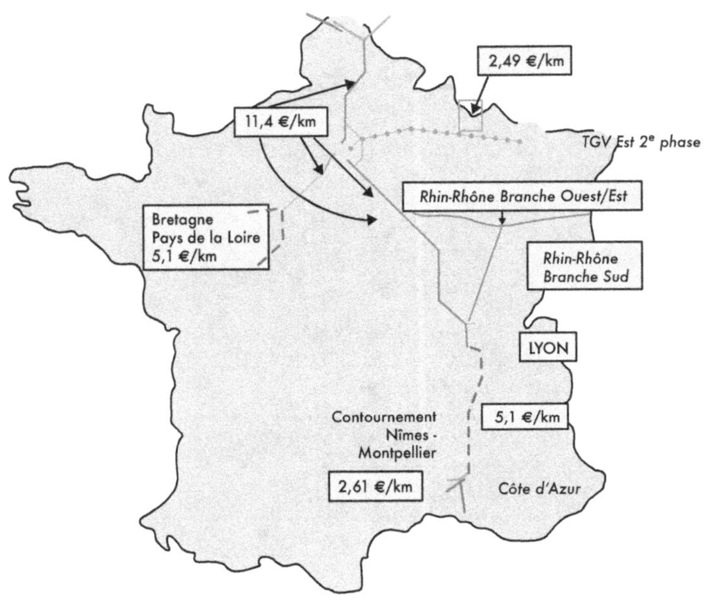



Prenons l'exemple du tronçon additionnel entre Dijon et Mulhouse. La nouvelle ligne va saturer l'axe Paris-Dijon en ajoutant des sillons sur une voie qui est déjà la plus utilisée du réseau. Mais, au terme d'une logique de péréquation, c'est bien la recette (artificiellement majorée) de l'axe Paris-Lyon (jusqu'à la séparation du rail en amont de Montbard) qui permettra de financer les coûteux développements du réseau entre la Saône et le Rhin. Que se passera-t-il lorsque l'axe Paris-Montbard-Lyon sera totalement saturé ? Quelles conséquences aura cette saturation sur l'exploitation des bouts de ligne, vers l'Est (Mulhouse) vers le Sud-Est (Nice) ou vers le grand Sud-Ouest (extension de

LGV entre Nîmes et Montpellier puis Perpignan) ? Les réseaux arborescents comme celui du TGV sont exigeants et soulèvent la problématique de saturation du tronc commun. À terme, il faudra construire des voies supplémentaires entre Paris et Lyon pour répondre à la demande supplémentaire entre Lyon et le reste du réseau. Qui financera cette augmentation de capacité ? Et dans quelles conditions financières, sachant que les péages imposés par la SNCF à RFF dans la seconde partie des réseaux, au départ de Paris, ne permettent pas d'amortir l'investissement de départ et, à plus forte raison, de constituer des provisions pour investir dans un accroissement de capacité ? La logique des activités en réseau voudrait que les extensions soient compatibles avec l'exigence de fluidité. Que diraient les clients d'EDF, au bout du bout du réseau aveyronnais, si le fluide ne parvenait pas jusqu'à leur compteur ? C'est bien ce qui menace les bouts de ligne dans le cas du réseau ferré à grande vitesse. Un cauchemar pour les tenants du train, obligés d'admettre qu'au-delà d'une certaine distance, sur un réseau arborescent, le train est moins efficace que l'avion !

# 2

# Le TGV... et le reste

## ◼ LE TGV, C'EST NOTRE VACHE À LAIT !

L'expression n'est pas de l'auteur. On lui prête d'être la phrase fétiche du président de la SNCF. À ses débuts, le TGV avait pourtant failli engloutir la compagnie. En 1993, le TGV Nord est inauguré. Il a contribué à plomber les finances de l'entreprise publique : 23 milliards d'euros de dettes ! Au passage, RFF reprendra le fardeau. Mais la dette, elle, n'a pas disparu pour autant. Elle change de main, mais elle reste à la charge de l'État bienfaiteur. Va pour les chiffres, nous y reviendrons plus loin en regardant à la loupe le compte de résultat de la SNCF, mais il y a aussi les lettres, et elles portent un sens à géométrie variable selon les endroits du réseau.

TGV, train à grande vitesse... Tous les voyageurs qui circulent entre Paris et Bordeaux, Paris et Brest ou Paris et Charleville-Mézières le savent bien. Le train n'est à grande vitesse que jusqu'à Tours pour les premiers, jusqu'à Rennes pour les seconds et jusqu'à Reims pour les derniers. Il ne suffit pas de monter dans des wagons de TGV pour aller vite. Et, dans certains cas, comme dans les plaines agricoles des Ardennes, on peut presque compter les vaches dans les champs tant l'allure est faible. Sur ces segments, l'identité TGV n'a servi qu'à faire monter les prix.

Le TGV est en effet une vache à lait. Sur des lignes en situation de concurrence intermodale, le train n'est pas toujours le moins cher. Il est devenu lui aussi un produit de luxe réservé à une clientèle aisée. Le dimanche 18 janvier 2009, vers 18 h 00, j'ai recherché les tarifs des principaux opérateurs pour un voyage Paris-Londres le lendemain matin, avec la contrainte de partir avant 8 h 00 et de revenir d'Angleterre après 19 h 00. J'ai dû me rendre à l'évidence et constater que l'avion pouvait être moins cher que le train.

**Prix d'un billet aller-retour Paris-Londres
en TGV et en avion**

| | |
|---|---|
| Air France CDG-Heathrow | 483,00 € |
| British Airways CDG-Heathrow | 463,00 € |
| TGV Paris Nord-Victoria (centre de Londres) | 404,00 € |

| | |
|---|---|
| Easy Jet CDG-Luton (1 heure de bus de Londres) | 229,98 € |

Il ne s'agit que d'une expérience de consommateur. Elle ne vaut pas comme une règle générale. Il sera pourtant simple de démontrer qu'il existe une

forte élasticité du prix liée à la situation de monopole, de quasi-monopole ou d'entreprise dominante,
exercée par la SNCF.

### Temps de transport en train et parts de marché du TGV

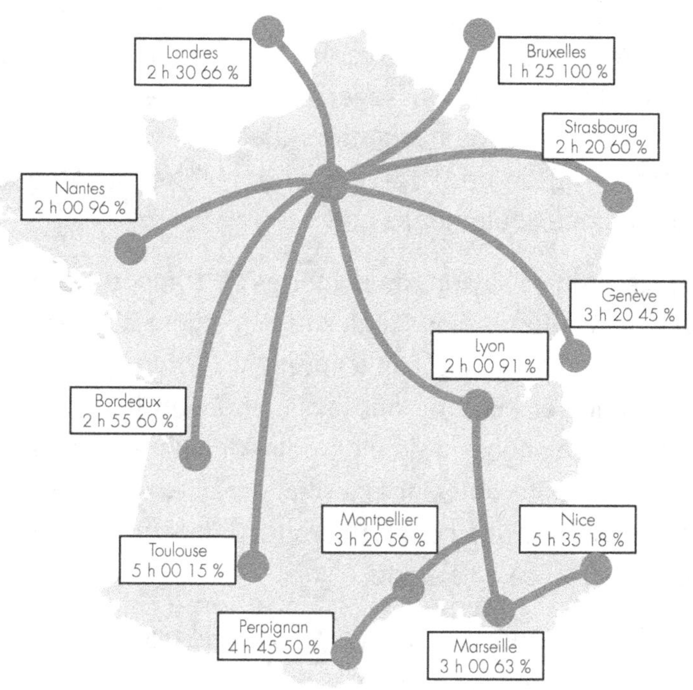


La carte de France de la concurrence entre le train
et l'avion semble avoir consacré la victoire du train
sur les trajets (en train) de moins de quatre heures.
L'histoire est-elle déjà écrite ? Sur des lignes comme
Paris-Marseille, l'opérateur aérien *low cost* s'est
retiré, faute de fréquences (c'est-à-dire de capacités

offertes au public), et sans doute victime collatérale du TGV. La bataille ciel/rail est toutefois inégale. L'opérateur ferroviaire est fortement subventionné, comme nous allons le voir, tandis que, concomitamment, le transporteur aérien est lourdement taxé. En 2004, le *Journal du dimanche* avait publié un document saisissant sur le prix d'un billet Air France aller et retour entre Paris et Marseille. Sur 93,89 € de prix de vente, les taxes passagers représentaient 32,89 €, les redevances de navigation, d'aéroport, de stationnement ou de bruit 19,72 € et la recette nette de la compagnie seulement 41,28 €.

Le train et l'avion, deux modes de transport collectifs, sont soumis à des règles radicalement différentes. Pourquoi ? La seule explication est d'ordre politique. La France et l'Europe ont fait le choix du train contre l'avion. Ce choix est de mon point de vue respectable, mais il mérite un éclairage plus détaillé, et surtout la transparence des coûts de production ferroviaire, loin d'être acquise à ce stade.

Comme nous l'avons vu plus tôt, le train est pertinent plutôt sur les distances de moins de trois heures et sur des topographies planes. Le TGV entre Paris et Lyon, Paris et Bordeaux, Paris et Lille a tout son sens : l'amortissement du réseau peut se faire dans des conditions d'utilisation compatibles avec les exigences du marché. Le réseau se sature assez rapidement et les passages payent l'entretien et une (petite) partie de l'investissement. Pour les distances plus longues, en revanche, l'équilibre économique est pratiquement inaccessible. La dernière partie de voie sur Paris-Marseille, entre Valence et Marseille, a été la plus chère à construire (ouvrages d'art sur le Rhône, tunnels, etc.), mais sa recette kilomètre offert est la plus faible et le nombre de passagers transportés est plus faible que sur le segment Paris-Valence ! Première réserve, donc, la question de la distance. À chacun la sienne, entre le train et l'avion.

Dans les conditions d'exploitation qui lui sont offertes, la SNCF devrait faire profil bas et tirer tous les bénéfices des avantages concurrentiels qu'elle a obtenus sur le transport aérien. Il semble cependant que tous ces avantages concurrentiels ne suffisent encore pas. En 2007, la présidence de la SNCF passe un cran au-dessus et s'en prend directement au transport aérien, et singulièrement à la compagnie Air France. Mme Idrac, alors présidente de l'entreprise nationale, lance ce qu'elle appelle elle-même « *la plus grande opération de lobbying de ma carrière*[1] ». Que faut-il comprendre ? Que les aides directes et indirectes de la collectivité ne suffisent pas à assurer une parfaite maîtrise du marché des transports pour le chemin de fer ? Et pourtant ! Comment faire plus ? L'État, à travers diverses structures, et les Régions abondent au financement de la SNCF dans des conditions que je décrirai plus loin. Alors, que demander de plus ?



---

1. *Le Parisien*, mercredi 26 septembre 2007, Marc Lomazzi, « La SNCF prend la tête du lobby anti-Air France ».

Le projet secret de la SNCF est d'imposer une taxation supplémentaire aux voyageurs qui choisissent le transport aérien, là où l'avion et le train sont en concurrence sur le marché domestique. Si une telle taxation voyait le jour à l'échelon européen, elle représenterait 5 milliards d'euros chaque année, et, dans les couloirs de la direction, certains estiment que ces milliards devraient être affectés à la construction de nouvelles lignes à grande vitesse, au nom du mieux-disant écologique. Pour les dirigeants français du transport ferroviaire, qui vivent dans une atmosphère de complot contre l'avion et la voiture, les déplacements routiers seraient eux aussi appelés à contribuer au développement du rail. Les Français doivent le savoir, l'objectif radical de la SNCF, c'est le « tout rail », quelles que soient les distances parcourues et quelle que soit la géographie. Pour arriver à leurs fins, les militants de cette cause utiliseront tous les arguments afin de convaincre de la nécessité de construire de nouvelles lignes à grande vitesse.

En revanche, sur certaines parties du réseau, comme dans le Sud-Ouest entre Bayonne et Saint-Jean-Pied-de-Port ou entre Béziers et Neussargues dans le Massif central, RFF propose de démonter la caténaire trop chère à entretenir en suggérant le retour des machines... diesel. Les Français veulent connaître le coût réel du chemin de fer et ce qu'il coûtera avec les projets d'extension du réseau.

Enfin, ils doivent savoir que la SNCF s'apprête à investir 70 millions d'euros dans des machines diesel dès 2009, au titre de la contribution de l'entreprise au Plan de relance. Les exigences du Grenelle de l'environnement seraient-elles déjà oubliées ?

## ■ UNE ACTIVITÉ TRÈS LARGEMENT SUBVENTIONNÉE

Nous nous intéressons ici au chemin de fer ! Autrement dit à l'ÉPIC (établissement public industriel et commercial) qui gère l'activité du transport ferroviaire et non à la myriade de sociétés que la SNCF a développées dans des secteurs connexes comme le transport en autobus (Keolis) ou les camions (Calberson).

**Activité ferroviaire (hors dettes) en 2007**

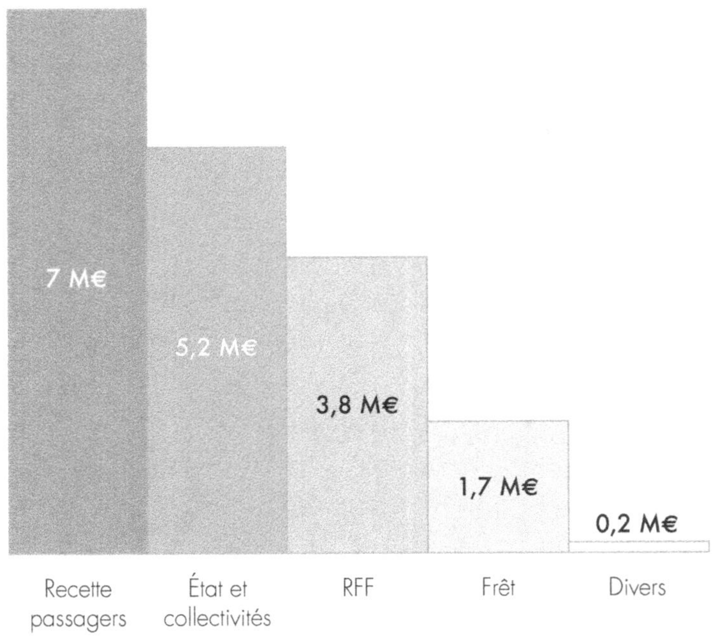


Les recettes de la SNCF :

- 7 milliards d'euros de recettes passagers. Ce sont les plus transparentes des recettes, elles incluent les Cartes Orange ou leurs substituts, dont la moitié est payée par les employeurs.

- 5,2 milliards d'euros de l'État et des collectivités :
- – 2,8 milliards d'euros pour les compensations tarifaires (familles nombreuses et autres cartes de réduction ou de gratuité) et au titre d'une contribution de service. Ce deuxième chapitre est un habillage pour exprimer les kilomètres/trains achetés par les régions. Les Régions et la SNCF ont signé des conventions d'exploitation. Ces conventions ont été renouvelées par les dirigeants des régions socialistes pour de longues périodes, au-delà des usages dans ce domaine. Il s'agissait de protéger le monopole de la SNCF et de servir les intérêts des cheminots qui représentent un électorat prompt à se mobiliser ;
- – 0,9 milliard d'euros pour les recettes en provenance du STIF, le Syndicat des transports d'Île-de-France. Ces recettes se divisent en deux parties : des kilomètres/trains et une contribution de service ;
- – 0,4 milliard d'euros au titre de la dette (SAAD) ;
- – ajoutons enfin que la SNCF reçoit 1 milliard d'euros pour acheter du matériel. Le matériel roulant ou non est acheté par les Régions, mais il est la propriété de la SNCF.
- 3,8 milliards d'euros de RFF vers la SNCF. Rappelons que la SNCF est prestataire de service de RFF.

Elle reçoit :

- 2,8 milliards d'euros au titre de la délégation d'entretien du réseau ;
- 1 milliard d'euros au titre des autres travaux réalisés pour RFF (lignes à grande vitesse nouvelles ou régénération du réseau). Nous remarquons au passage que les travaux d'entretien courant ne suffisent pas à conserver la voie en état d'usage normal et qu'un entretien supplémentaire est nécessaire.

- En 2007, le chiffre d'affaires du fret a été estimé à 1,7 milliard d'euros. Alors que le péage proposé au fret est en dessous des coûts marginaux et aggrave la perte de RFF, l'activité fret de la SNCF est en déficit de 300 millions d'euros par an.

## ■ DES PERTES ABYSSALES

Le chiffre d'affaires total de la SNCF (ÉPIC) était de l'ordre de 17 milliards d'euros en 2007. Dans toutes les entreprises du marché, on sépare toujours le résultat opérationnel des recettes exceptionnelles. On tient compte de l'endettement. Or, dans le cas de la SNCF, ni l'endettement ni les régimes de retraites ne sont pris en compte, et le compte d'exploitation intègre systématiquement la contribution de l'État et des Régions dans des conditions qui sont assez peu sincères. Si nous devions retenir un ratio simple et non contestable, nous dirions que les recettes purement commerciales représentent environ 9 milliards d'euros, soit plus de 50 %, et les subventions directes ou indirectes 8 milliards d'euros, soit, pour retenir un ordre de grandeur, un peu moins de la moitié du chiffre d'affaires.

Dans ces conditions, il est évidemment plus facile d'annoncer que la SNCF gagne de l'argent. Cette manœuvre grossière est cependant malhonnête. Une fois encore, je n'entends pas nier l'intérêt du train, je souhaite simplement, comme client et comme contribuable, que l'on cesse de nous servir une mariée trop belle et qu'un débat national soit engagé sur la vérité des coûts ferroviaires en France.

La vérité, revenons-y. Comment, en effet, qualifier les subventions en provenance de l'État vers RFF ? Il y en a tout de même pour 3,7 milliards d'euros par an :

- 828 millions d'euros au titre de la contribution de l'État à la charge d'infrastructure. C'est cette enveloppe qui permet de réduire le prix du péage que paye la SNCF. Il s'agit donc d'une subvention déguisée qu'il convient de requalifier ;

- 700 millions d'euros au titre de la contribution au désendettement. On parle pudiquement de maîtrise de l'endettement après investissement ;
- 985 millions d'euros au titre de la subvention de régénération. Nous parlons là des subventions accordées à RFF pour la rénovation des voies et pour les augmentations de vitesse ;
- 1,2 milliard d'euros au titre des subventions d'investissement (pour la construction de lignes nouvelles, qu'elles soient à grande vitesse ou non).

## ■ LE PIRE EST À VENIR

Le gouvernement français, la haute administration et les dirigeants de la SNCF (pour leur plus grand intérêt) se sont engagés dans une direction qui va coûter des fortunes aux contribuables. L'inflation de lignes à grande vitesse est une pure folie, financière et opérationnelle. Elle marque de surcroît une orientation qui va sacrifier l'entretien des lignes régionales au seul profit des sillons les plus rapides. Si l'exploitation des TGV n'était pas elle-même plombée par les déficits d'exploitation (cachés dans les comptes de RFF), on pourrait dire que la SNCF concentre tous ses (nos) moyens sur les routes les plus « rentables » ou, à défaut, les moins déséquilibrées. Pourtant, le pire est à venir. Le président Sarkozy s'est lui aussi converti à la très grande vitesse. Dans son esprit, la construction de quatre lignes supplémentaires en 2010 est d'abord une réponse politique à la crise. L'objectif est de donner du travail aux secteurs des travaux publics et de lutter contre l'augmentation spectaculaire du chômage. Rien de tel que ces grands chantiers pharaoniques pour donner du grain à moudre. Mais la politique est parfois lourdement contredite par l'économie. Ces LGV vont alimenter une croissance appauvrissante et coûteuse, non seulement pour nous mais aussi pour nos enfants. Le rail s'amortit à très long terme, et les pertes aussi...

Le coût des infrastructures ferroviaires est dans le champ des outils de transport le seul qui augmente. Les coûts du secteur des travaux publics augmentent au moins aussi vite que le rythme de l'inflation. Ils sont indispensables dans le cas du transport ferroviaire qui requiert un réseau corporel très consommateur de maintenance. À contre-courant de ce qui nous est régulièrement affirmé, toute action qui viserait à réduire de 10 % la consommation d'hydrocarbure par passager dans une voiture serait plus efficace en termes écologiques que le doublement du réseau à grande vitesse tel qu'il est prévu en France. De la même façon, le transport aérien, qui reste polluant, réalise des progrès très estimables, grâce notamment au formidable travail des motoristes, à tel point qu'un vrai calcul, sincère, intégrant les coûts environnementaux indirects du train et le prix supporté par la collectivité pour les LGV, montrerait sans doute que l'écart entre le rail et l'aérien est moins grand que l'on ne l'imagine.

Les idées toutes faites ont la vie dure. C'est même celles que l'on a le plus de mal à combattre. Retenons le cas de la LGV Bordeaux-Toulouse : en 2004, le coût de construction était estimé à 2,9 milliards d'euros dans le cadre du débat public ouvert sur ce sujet. Trois remarques s'imposent :

- La LGV Bordeaux-Toulouse oriente définitivement le trafic Paris-Toulouse par Bordeaux et condamne l'axe POLT, Paris, Orléans, Limoges et Toulouse. La nouvelle voie radicalise l'isolement ferroviaire de l'axe central, entre TGV Méditerranée et TGV Atlantique.

- Dans un cadre plus européen, le prolongement du Paris-Bordeaux aurait eu plus de sens en direction de la frontière espagnole. À terme, la ligne pertinente sera celle qui relie le nord de l'Europe et le sud.

- La branche D du RER parisien, à l'origine de très nombreux retards et de discriminations territoriales lourdes, aurait besoin de 1 milliard d'euros de rénovation. Les quelque 3 milliards du Bordeaux-Toulouse étaient-ils indispensables, et surtout prioritaires ?

Les Français doivent savoir. Non seulement ce que cette ligne va leur coûter mais aussi quelles conséquences territoriales elle aura pour les régions du Centre, du Limousin et du nord de Midi-Pyrénées.

## ■ PLUS VITE OUI... MAIS À QUEL PRIX ?

Le temps, c'est de l'argent. Jamais l'expression n'aura été aussi vraie que dans le cas du TGV. L'ambition capitale de la direction de l'entreprise est résumée dans une formule du directeur innovation et recherche : « *Chaque minute gagnée, ce sont des milliers de clients pris à l'avion.* » La formule est lapidaire mais efficace, surtout quand elle est publiée dans un journal interne de la SNCF, un hors-série de septembre 2006, sous le titre engageant « Les promesses de la grande vitesse ».

Pour arriver à une vitesse commerciale de 360 km/h, les obstacles ne manquent pourtant pas. « *Là où il reste des progrès à faire,* commente le journal de la SNCF, *c'est sur l'aérodynamique, sur le bruit et la consommation d'électricité.* » La très grande vitesse aura des conséquences lourdes sur le ballast et sur la maintenance. Plus on va vite, plus la voie vieillit vite. La SNCF travaille actuellement sur le projet d'une voie posée sur dalle, plus stable mais aussi trois fois plus chère que le système du ballast. L'autre écueil est celui de la maintenance. Tous les sols ne sont pas éligibles à ce système de dalle dure. Quand la voie se dégrade sous l'effet du passage des trains, les services de maintenance soulèvent le rail et les traverses pour réaménager le ballast. Avec des dalles dures, l'affaissement d'un sol plus meuble sera plus complexe à traiter.

L'augmentation de la vitesse pose aussi la question du tracé. Il faudra augmenter le rayon des courbes et les tracés en seront plus contraignants, y compris en termes de respect de l'environnement. Pour éviter les dépressurisations, le diamètre des tunnels devra être élargi. À certains endroits, l'écartement des voies devra être revu pour réduire l'effet de souffle au croisement des trains. Sur le plan de l'alimentation électrique, l'augmentation des vitesses de circulation va contraindre l'opérateur à installer des sous-postes électriques supplémentaires pour un coût de 50 millions d'euros l'unité. Sur un Paris-Lyon, l'investissement supplémentaire sera de l'ordre de 150 millions d'euros.

L'augmentation de la vitesse n'est donc pas sans conséquence. Au passage, il est utile de rappeler que les coûts environnementaux indirects du train ne sont presque jamais pris en compte. Combien de millions de tonnes de $CO_2$ pour construire les autoroutes ferroviaires à grande vitesse ? Personne ne le sait vraiment.

Revenons au débat sur la grande vitesse avec deux questions simples : combien de temps gagné et à quel prix ? Au moment du passage de 270 à 300 km/h sur Paris-Lyon, le TGV a gagné cinq minutes. Sur Paris-Dijon, la SNCF a dû renoncer à remotoriser les rames dédiées à cette ligne, dans la mesure où le gain de temps n'était que de deux petites minutes. Le passage de 300 à 350 km/h permettrait de gagner entre cinq et six minutes entre Paris et Lyon et entre dix et quinze minutes entre Paris et Marseille. Sur cette seconde partie de voie, la présence de tunnels induira soit des travaux lourds et coûteux, soit des ralentissements.

Malheureusement pour les dirigeants de la SNCF, le train n'est pas l'avion et les progrès de la traction se heurtent à des éléments matériels liés au réseau physique. Les contribuables français seront-ils appelés à payer l'addition d'une course à la vitesse sur un Paris-Marseille où le train représente déjà 80 % des parts de marché ? La question mérite d'être posée aux intéressés. D'autant que la question de l'énergie mobilisée pour accroître la vitesse relativise les termes du débat. L'énergie est en effet proportionnelle à la vitesse au carré, et la puissance nécessaire est proportionnelle à la vitesse au cube.

### Quantité d'énergie utilisée proportionnellement à la vitesse

| De 300 à 350 km/h |
| --- |
| Vitesse + 16,6 % |
| Puissance appelée + 60 % |
| Consommation électrique + 37 % |

### Quantité de puissance utilisée proportionnellement à la vitesse

| | Train : masse 500 tonnes |
| --- | --- |
| 200 km/h | 2 800 kW |
| 300 km/h | 8 000 kW |
| 400 km/h | 40 000 kW |

Le débat technique est tranché. La très grande vitesse coûte cher. Pour donner corps à une Europe du rail comme l'appelle de ses vœux le président Pépy, la très grande vitesse est indispensable. Un trajet entre Amsterdam et le sud de l'Europe en train ne doit pas excéder quatre heures pour lutter efficacement contre l'avion. Il pose également la question du contournement des villes qui ne se fait pas, à l'heure actuelle, à grande vitesse. Mais, c'est là précisément sur ces territoires urbains ou périurbains que l'investissement est important et les conséquences sur l'environnement humain particulièrement lourdes. Le long d'une LGV, les premières habitations sont à 25 mètres de la voie. En l'absence de murs antibruit, le passage d'un train à grande vitesse génère 94 dB. Pour mémoire, les klaxons routiers sont limités à 85 décibels, en sortie de klaxon !

Enfin, la très grande vitesse soulève des questions de sécurité et d'espacement entre les trains. À 300 km/h, un TGV s'arrête en 3,2 km. Quand il roule à 350 km/h, la distance de freinage passe à 4,4 km sur un terrain plat... et jusqu'à 6 km en descente. À ce compte, la SNCF devra réduire ses fréquences, et donc proportionnellement augmenter sa contribution de passage à RFF pour deux raisons : moins de trains constituerait une baisse de recettes pour RFF, au moment où le passage à la très grande vitesse imposerait à RFF des investissements supplémentaires ; selon le journal *L'Expansion*, paru au mois de décembre 2007, le projet 360 km/h devrait générer pour la

SNCF un gain de l'ordre de 150 millions d'euros par an, mais une dépense supplémentaire de 10 milliards d'euros pour RFF. Avis aux contribuables !

3. ■

# L'Île-de-France

## ■ LA HAINE !

Le face-à-face entre « usagers » et cheminots traduit la haine. Comme le visage de cette femme perdue au milieu de la foule qui s'exprime devant les caméras de télévision. Le conflit de la gare Saint-Lazare au mois de janvier 2008 a radicalisé les positions. « *Comment pouvait-il en être autrement,* justifie Jean-Claude Delarue, le président de la Fédération des usagers, *la grève a commencé à 10 heures du matin à la suite d'une généralisation du droit de retrait des agents de conduite. Les voyageurs qui avaient pris le train le matin pour se rendre au travail se sont retrouvés pris au piège à Paris. Ils ont eu le sentiment d'être retenus en otages.* »

Que s'est-il passé ? Un conducteur a été agressé la veille sur le réseau nord de Paris. En réaction, une partie des salariés a fait valoir son « droit de retrait ». Ce droit permet aux salariés de se retirer de leur poste de travail quand ils estiment leur sécurité personnelle menacée. Il s'agit d'un droit individuel, mais s'il est actionné en même temps par tous les salariés d'un centre de production, le droit de retrait revient à un mouvement de grève. Les voyageurs pris au piège de la gare Saint-Lazare jugent sévèrement les « grévistes ». Quatre cent mille personnes transitent chaque jour par Saint-Lazare. Ils n'ont pas tous connaissance du contenu du droit de retrait.

Mais le conflit larvé n'en est pas à son premier jour. La gare Saint-Lazare est le théâtre d'un bras de fer social depuis plus d'un mois. Les cheminots utilisent la technique de la grève tournante pour protester contre un projet de réorganisation qui vise à accroître la productivité. Les syndicats sont plutôt opposés à ce projet, en tout cas dans sa dimension francilienne. L'agression d'un collègue de travail a catalysé les frustrations et servi de détonateur. Le syndicat SUD est en première ligne. Ès qualités de fondateur de l'association des usagers, Jean-Claude Delarue se rappelle avoir participé au congrès des militants de SUD attachés à la gare Saint-Lazare en 2007 : « *On n'est assez loin de l'image qu'ils renvoient à l'opinion*, dit-il, *ce sont souvent des ouvriers, dans un pays où cette catégorie est en baisse, des mécaniciens, des agents d'entretien des voies, des ouvriers hautement qualifiés pour certains. Ils sont à SUD parce qu'ils ont l'impression que ce syndicat s'occupe de leur vie professionnelle. Ils évoquent leurs revendications. Elles sont très concrètes : ils veulent du matériel et des outils qui marchent bien, des foyers correctement chauffés et disposant d'un minimum de confort pour les roulants. Ils sont attachés à leur boulot et ils aimeraient le faire dans des conditions normales. »*

Alors, à qui la faute ? La SNCF a mis le paquet sur les trains à grande vitesse. M. Delarue précise le fond de sa pensée : « Ils [la direction] *veulent nous faire croire qu'ils sont encore une entreprise de service public, mais, en réalité, ils se foutent de la banlieue, ce qui les intéresse, c'est le TGV et rien d'autre. »*

# ■ LA GRÈVE VUE PAR LES GRÉVISTES

Le conflit de la gare Saint-Lazare, dont l'épilogue se situe au mois de janvier 2009, commence bien avant la fermeture de la gare par la direction et le fameux épisode du droit de retrait des cheminots à l'initiative du syndicat SUD.

Début décembre 2008, la direction soumet une nouvelle version du cadencement aux organisations syndicales. Mais le compte n'y est pas. Les ressources humaines sont insuffisantes pour assurer le service. Les syndicats appellent à la grève : CGT, FO, SUD-Rail et les conducteurs de l'AFJAC. La grève des 59 minutes débute. Pourquoi 59 minutes ? « *Parce qu'à partir d'une heure de grève, nous perdons une demi-journée de salaire* », explique un roulant. Les conducteurs de trains entament leur service 59 minutes après la prise de service régulière. Le conflit s'éternise. Pour les syndicats, la direction ne propose rien. Elle annonce même au public que le service est normalement assuré. Du coup, la tension monte entre les usagers et les grévistes. Joli coup tactique de la direction, mais à jouer avec le feu, on prend des risques. Hervé Mariton, pourtant insoupçonnable de sympathie pour les grévistes, s'interrogera plus tard sur le coût de la grève. L'enjeu des revendications portait finalement sur peu de chose, dira-t-il en substance, or la grève a coûté très cher à l'entreprise. Autrement dit, en négociant plus tôt, l'impact aurait pu être limité et les usagers épargnés.

Dans cette période de flou, un syndicaliste de la CGT signe un document d'accord avec la direction de la SNCF. L'accord ne donne pas satisfaction à la base qui poursuit le mouvement. Entre-temps, un des dirigeants de l'entreprise estime, au cours d'une conférence de presse, que les « *conducteurs n'ont pas à se plaindre* ». C'est la déclaration de trop. Le mouvement se radicalise. Les usagers, eux, ne comprennent plus. On leur annonce que le service est assuré, mais les retards se multiplient dans le cadre d'un service général très perturbé. Les relations conducteurs/usagers sont au paroxysme de la tension : « *Nous avons entre nous une échelle de gravité dans les relations avec les voyageurs*, explique Philippe Guiter du syndicat SUD. *C'est une règle non écrite mais elle est très suivie. De l'insulte verbale jusqu'aux crachats sur les vitres, nous considérons que la menace est supportable, au-delà, c'est-à-dire quand il y a une menace d'agression physique directe, nous faisons valoir le droit de retrait* ».

La représentation du conflit dans les médias a contribué à monter les uns contre les autres, voyageurs contre roulants. Le journal gratuit *20 Minutes* laisse passer un message à l'adresse des cheminots. Suprême maladresse ! C'est un message Internet trouvé sur le site des usagers. Le message est sans ambiguïtés : « *On souhaite le cancer aux grévistes et à toute leur descendance.* » Un autre message, non publié celui-ci dit : « *Les grévistes, il faut tous les empaler.* » Dans ce contexte, l'agression d'un conducteur dans un train de banlieue le 12 janvier dans la soirée provoque une réaction massive des grévistes. « *On n'avait pas un couteau sous la gorge*, dit un cheminot, *mais là, on a senti que tout pouvait arriver.* » Les agresseurs seront rapidement démasqués dans des conditions d'ailleurs inattendues. Le plus violent des agresseurs rentre chez lui, le soir même, au domicile de ses parents. Il s'agit d'une famille d'accueil qui héberge un jeune garçon placé par les services sociaux. « Le grand frère » explique à la cantonade qu'il « s'est fait un conducteur de train ». Le lendemain, confronté à un psychologue scolaire, le petit frère raconte naïvement l'histoire entendue la veille. Le psychologue donne l'information aux services de police. Quelques heures plus tard, le coupable passe aux aveux ! En coulisse, les dirigeants de SUD admettent que l'utilisation du droit de retrait a été pratiquée de façon extensive dans le conflit de la gare Saint-Lazare. Ils rappellent aussi que, sans cette mobilisation, la direction n'aurait sans doute pas réagi. Au total, les cheminots ont obtenu plus de souplesses dans l'exécution de leur mission.

# ▪ PÉNALITÉS

Le contrat passé entre le Syndicat des transports en Île-de-France, la SNCF et la RATP fixe les obligations de chacune des parties. Le STIF achète une prestation aux deux entreprises. Si le contrat n'est pas exécuté dans les termes prévus, la partie défaillante paye des pénalités. « *La direction a négocié avec le STIF*, plaide Alain Cambi, secrétaire fédéral SUD-Rail, *sur la base de roulements de références (journées types théoriques). Elle cherche ensuite à gagner de la productivité par rapport à ces roulements de référence ; elle impose des cadences supérieures aux cheminots.* » Grâce aux efforts de productivité, la SNCF réalise une marge bénéficiaire.

Les cheminots sont-ils pour autant à plaindre ? La moyenne annuelle travaillée pour un roulant est inférieure de 200 heures à la durée légale du temps de travail sur la base des 35 heures hebdomadaires. Une journée de travail type représente une durée théorique de 7 h 48, mais l'amplitude de la journée travaillée peut aller jusqu'à 11 heures. Les salaires varient entre 1 600 € net par mois (soit 500 € de plus que le salaire médian français) pour un débutant et 3 500 € en fin de carrière. « *Nous*, explique un conducteur, *on veut travailler moins. Les cadences sont souvent difficiles à tenir. Beaucoup de collègues terminent leur service dans le gaz. Travailler plus, ce serait prendre des risques en matière de sécurité. Il y a vingt ans*, dit-il, *on roulait à 120 km/h en banlieue. Aujourd'hui, en raison de l'engorgement du trafic, on est sans arrêt la main sur le frein. Les cantons, c'est-à-dire les segments de voie, ont été raccourcis, et les procédures de ralentissement ou de freinage ne laissent pratiquement plus de marge. La SNCF réalise des marges supérieures en augmentant la productivité, mais les conditions de trafic sont telles qu'elle doit payer des pénalités au STIF, notamment pour les retards. C'est une opération financière nulle. »*

« *Il est très difficile de contrôler la régularité du trafic à la RATP*, assure un membre du STIF. *Nous savons qu'ils nous mènent en bateau. Le résultat, c'est que la RATP ne paye presque jamais de pénalités. À la SNCF, en revanche, ils sont plus naïfs. Ils communiquent leurs retards et payent leurs pénalités sans discuter.* » Le réseau francilien ploie sous la charge. Le trafic augmente de 5 % par an. Guillaume Pépy affirme que l'entreprise est engagée dans une course de vitesse. Elle transporte 150 000 voyageurs de plus chaque année sur un réseau déjà archi-saturé.

Alors que faire ? Construire des voies nouvelles ? C'est l'esprit du contrat de plan. Et chaque mois qui passe complique la tâche. En 2010, cinq nouvelles tours seront achevées dans le quartier de la Défense, proche de Paris. Elles accueilleront des milliers de nouveaux Franciliens. Pourtant, le réseau reste le même. Deux voies de RER et deux voies de métro. L'indigestion est toute proche...

## ■ LA TÊTE DANS LES ÉTOILES !

Quelles doivent être les priorités de développement de la SNCF ? Continuer de vivre « la tête dans les étoiles », selon l'expression de son président, mais les finances dans le rouge, ou près du terrain, là où les consommateurs expriment un vrai besoin quotidien de mobilité, comme en Île-de-France ? Les exigences des cheminots de la gare Saint-Lazare sont évidemment de peu de poids comparées aux chantiers du futur. Mais la noblesse de la politique ne serait-elle pas là, dans les ateliers et sur les chantiers du nord-ouest de Paris, où les besoins sont immenses et croissants ?

Les millions de Franciliens qui utilisent chaque jour le train comme moyen de déplacement savent bien que ce chantier du quotidien devrait être prioritaire. Ils se moquent des débats d'experts et des polémiques sur l'allongement de la ligne à grande vitesse entre Bordeaux et Toulouse ou entre Marseille et Nice ! Les Toulousains et les Niçois ne sont d'ailleurs pas privés de mobilité, ils disposent de deux aéroports modernes et fonctionnels et d'une offre de transport aérien qui inclut des compagnies à bas prix dont le prix moyen coupon est inférieur ou égal au prix du train ! Alors, dans ces conditions, n'est-il pas utile de rappeler la SNCF à ses priorités ? Améliorer le sort des 2,6 millions de voyageurs quotidiens du réseau d'Île-de-France et laisser de côté, pour le moment, les records du monde de vitesse qui ne changent rien à la vie des Franciliens, dans des trains délabrés et des gares vieillissantes.

Chaque mode de transport construit sa pertinence en fonction de critères liés à l'éloignement et à la géographie. À plus de 800 kilomètres de distance, ne serait-il pas souhaitable de dire clairement que l'avion est plus adapté que le train ? Surtout quand les derniers kilomètres de voies coûtent très cher et menacent de défigurer des paysages qui appartiennent à notre patrimoine... En Île-de-France, loin du massif de l'Estérel, la SNCF est confrontée aux défis d'une ville sans cesse plus étendue. Le plan de relance par les grands travaux annoncé en février 2009 par le Premier ministre François Fillon donne un léger espoir. Mais l'enveloppe de 89 millions d'euros est ridicule comparée aux besoins. Le journal *Le Monde* rappelle un rapport de l'École polytechnique de Lausanne en 2005 qui, déjà, soulignait la dégradation du réseau francilien. Ce rapport estimait à 3 milliards d'euros le supplément de travaux à mettre en œuvre chaque année pour simplement entretenir et rénover les voies. « *Cette option*, note *Le Monde*, *ne semble pas suivie, l'orientation étant de créer de nouvelles lignes à grande vitesse, dont l'utilité n'est pas toujours évidente.* »

## ■ DES TERRITOIRES DISCRIMINANTS

Soixante-seize pour cent des Français sont des citadins. Ils expriment des besoins de mobilité à l'intérieur de grandes conurbations urbaines. En Île-de-France, les départements de la petite couronne progressent inégalement. Les Hauts-de-Seine et la Seine-Saint-Denis progressent plus vite en termes tout à la fois de croissance et de population. Mais ce qui frappe, c'est la radicalisation du phénomène d'étalement urbain. L'expression « étalement urbain » est utilisée par les géographes pour mesurer la dilatation de la ville, autrement dit sa croissance horizontale et le dynamisme de sa démographie.

En Île-de-France, ce phénomène est particulièrement fort. La population continue de progresser, mais elle progresse encore plus nettement dans le département le plus rural de la région, la Seine-et-Marne (0,9 % de croissance annuelle de la population contre, par exemple, 0,7 % dans les Hauts-de-Seine ou en Seine-Saint-Denis). De nombreux Franciliens ont choisi de s'éloigner de Paris pour devenir propriétaires de leur logement, là où les mètres carrés sont encore accessibles. Ils se sont fondés sur la promesse de transports rapides et efficaces. Le RER devait abolir les distances. C'est en réalité le TGV qui l'a fait. Avec les lignes à grande vitesse, on est plus près de Paris en habitant à Reims, Tours ou Lille qu'en vivant au fond du 77 ou du 95 ! Ironie du sort, les Franciliens qui croyaient rester au contact de la ville se sont éloignés,

proportionnellement aux provinciaux des villes desser-
vies par le TGV !

## Carte anamorphosée IDF, Tours, Lille et Reims

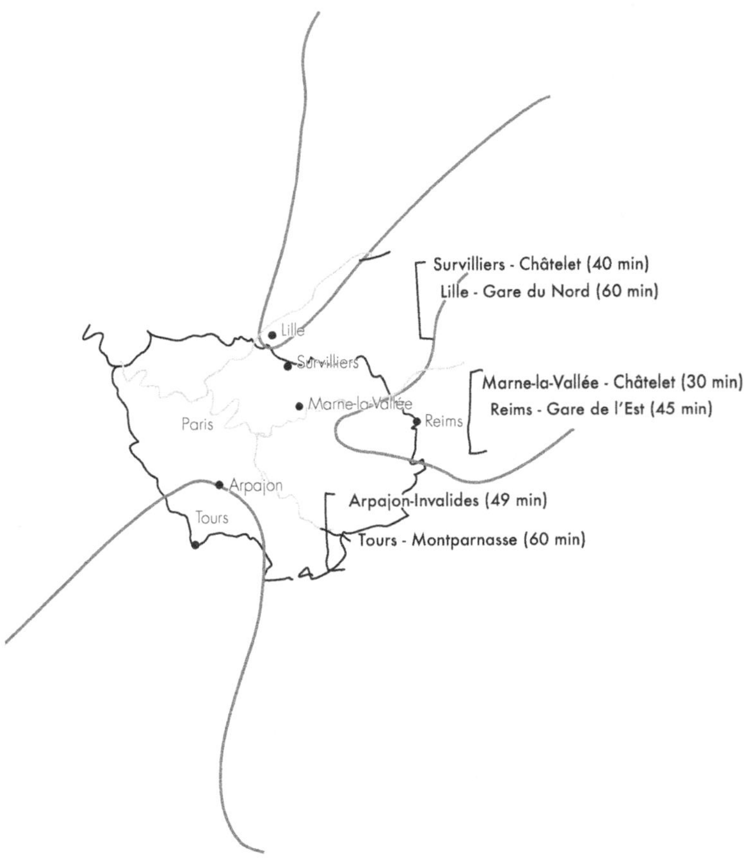


Les trois exemples montrent que les villes TGV sont rentrées dans la
Région parisienne quand on mesure les temps de transport.

On pourrait penser que cette compétition des territoires est de peu de conséquences. Mais, en fouillant un peu, on s'aperçoit que la discrimination sociale et professionnelle est avant tout une discrimination territoriale. Robert A. est dirigeant d'une société installée à Paris dans le XIII^e arrondissement. Il vient de recruter une assistante : « *J'ai choisi celle qui habite le plus près de Paris. Nous avons déjà des collaborateurs qui viennent de loin. Ils sont en retard un jour sur deux.* » Pire encore, cette directrice des relations humaines d'une société cotée en Bourse dans les activités de service et d'ingénierie : « *Quand nous examinons des CV pour un recrutement, nous jetons systématiquement tous ceux des candidats qui habitent sur la ligne D du RER.* » La ligne D du RER, renchérit Jean-Claude Delarue, est « *un des points critiques du transport en Île-de-France. Cette ligne double qui part de Melun et de Malesherbes aurait besoin de remises en état à hauteur d'un milliard d'euros* ».

La Seine-et-Marne, le département qui présente le plus de zones urbanisables dans la région du grand Paris, est doublement impactée. La région de Marne-la-Vallée, à l'est de Paris et au nord du département, a été le moteur de la croissance démographique du département. Ses habitants sont pourtant privés d'un accès direct des transports publics vers la zone d'activité de Roissy, située à quelques kilomètres de la ville nouvelle. Le réseau francilien fonctionne en *hub*. Paris exerce une polarité unique sur toutes les lignes ferrées.

## ■ DES EMPLOIS DÉTRUITS

Deux millions six cent mille passagers par jour. Sans doute 2,7 millions au moment où ces lignes sont écrites. Le réseau Île-de-France absorbe l'essentiel de la demande de transport ferroviaire en France, très loin devant le TGV. C'est là que devrait porter l'essentiel de l'effort. La SNCF devrait laisser les destinations plus lointaines à l'avion et s'occuper des territoires où le train est le seul mode de transport collectif pertinent.

Les Français attendent la SNCF sur sa capacité à transporter chaque jour non seulement les Franciliens, mais également tous les Français qui vivent à l'extérieur des villes et travaillent en centre-ville. La SNCF du futur doit aussi penser les problématiques du futur. Dans cinquante ans, au rythme actuel de la croissance démographique et de l'étalement urbain, les besoins de transport auront doublé en Île-de-France. Plus globalement, nous devons d'ores et déjà travailler sur le modèle de sociétés très urbanisées dans lesquelles les besoins de mobilité sont avant tout des besoins de mobilité à l'intérieur des centres urbains. Je ne compte pas les millions de millions d'heures de travail détruites chaque année dans des voitures à l'arrêt, sur des axes routiers surchargés, avec des conséquences lourdes en termes de santé publique pour les riverains et pour les automobilistes. J'approuve grandement la priorité donnée aux transports en commun en Île-de-France, mais je regrette de voir l'État autant que la SNCF péblisciter des travaux pharaoniques d'allongement des lignes TGV quand, chaque jour à quelques kilomètres de Paris, la SNCF n'est pas capable de remplir honorablement sa mission de service public. Oui, il faut plus d'argent pour les Transiliens et moins pour le TGV Méditerranée qui peut attendre entre Marseille et Nice. Pour nous en convaincre, il suffit de mesurer le coût exorbitant des retards des trains franciliens.

---

## Cas pratique

Retenons les hypothèses de la SNCF. Dans ses propres statistiques, la société annonce 10 % de trains franciliens en retard. C'est une moyenne qui masque des situations très inégales. Les retards sont malheureusement concentrés sur les bassins de population les plus importants. Nous ne tiendrons pas compte de ce phénomène pour en rester à une hypothèse de travail plutôt conservatrice. Le calcul tient compte des allers et retours : 2,6 millions de *commuters*, pour reprendre une expression anglaise fonctionnelle, c'est 1,3 million à l'aller et le même nombre au retour. Le calcul auquel nous nous livrons porte sur les heures de travail détruites sur un an et sur leur valorisation monétaire. Les retards du soir se traduisent par des heures de loisirs perdues mais non par des heures de travail détruites.

| | |
|---|---|
| 2,6 millions de passagers par jour | |
| 10 % de trains en retard : 260 000 personnes en retard. Nous n'en retenons que 130 000 qui arrivent à leur travail | 130 000 |
| Les retards sont très inégaux. Ils entraînent en général une demi-heure de retard au travail | 65 000 |
| Une année = 365 jours − 104 journées de week-end − 30 jours de vacances, soit un total utile de 231 jours | |

Si 130 000 personnes sont en retard d'une demi-heure par journée de travail, le nombre d'heures perdues chaque année est de 130 000 × 231 = 30 millions d'heures de travail détruites.

.../...

...∕...

Nous ne retenons qu'une demi-heure de retard pour ces personnes. Nous arrivons alors à un total de **15 millions d'heures détruites**.

En moyenne, un Français travaille 1 540 heures par an. En divisant 15 millions d'heures par 1 540, nous obtenons **l'équivalent** des emplois détruits chaque année par les retards des trains, soit près de 10 000 emplois en Île-de-France.

La valeur monétaire de ces 10 000 emplois fait froid dans le dos. Retenons le salaire médian français, soit 1 550 € par mois, soit encore 18 600 € par an. Mais, il ne s'agit que de la part touchée par le salarié. Si l'on procède cette fois à un calcul intégrant les charges sociales payées par l'employeur (estimation à 40 % du salaire net), le salaire médian annuel brut chargé se monte à 26 000 €.

26 000 × 10 000 = 260 millions d'euros. La facture des retards est lourde. *A minima*, on peut estimer qu'elle représente la destruction de 260 millions d'euros. Pour mémoire, la rénovation du RER D a été estimée à 1 milliard d'euros, soit moins de 4 fois plus.

Ce cas pratique mesure l'impact direct des retards des trains en Île-de-France. Malheureusement, la facture est beaucoup plus lourde. Les coûts indirects et induits des retards se mesurent aussi dans les embouteillages matinaux autour de Paris. Des dizaines de milliers de Franciliens qui entendent chaque jour que le transport routier est détestable pour l'environnement doivent se résigner, la mort dans l'âme, à perdre leur temps et leur argent pour rejoindre leur travail. « *À nous de vous faire préférer le train* », chante la SNCF dans ses campagnes de communication. « *À vous de nous faire aimer les trains à l'heure* », répondent en écho les embouteillages du matin et du soir ! Jean-François A. vit à Fontainebleau et travaille dans l'Est parisien : « *Avec le train, je suis sur d'être en retard au moins deux jours par semaine.*

...∕...

…/…

*Je prends donc ma voiture tous les matins. Le trajet entre Fontainebleau et la gare de Lyon peut varier du simple au double. Pour anticiper, je pars de chez moi à 6 h 15. À partir de 6 h 30, la cuvette de Corbeil est encombrée. C'est une course contre la montre. À cinq minutes près, on ne passe plus. Mon salaire est de 1 900 € net par mois. En 2008, quand le diesel était vendu 1,40 €, le budget transport pesait 13 % de mon revenu. J'ai payé ce prix pour garder mon job. »*

## ■ PAS DE CROISSANCE DURABLE SANS EFFICACITÉ DES TRANSPORTS

La productivité d'une agglomération augmente avec sa taille. Autrement dit, plus la ville est grande, plus elle peut être efficace. Il y a toutefois une condition liée à la fluidité et à la qualité des transports. Pour Rémy Prud'homme et Michel Didier, auteurs d'un rapport publié par la *Documentation française* en 2007, « *l'efficacité des villes revêt une importance macro-économique* » qui s'apprécie en termes de croissance. Or, n'est-ce pas ce que nous recherchons, y compris avec les dents, selon l'expression de M. Sarkozy ? « *Plus le marché de l'emploi est grand, plus grande est la probabilité que chaque travailleur trouve l'emploi qui correspond le mieux à ses capacités et plus grande est la probabilité que chaque entreprise trouve les travailleurs dont elle a besoin.* » Un grand marché maximise les chances que l'offre et la demande de travail se rencontrent.

Au-delà des mots, les chiffres confirment que la croissance vient aussi de l'efficacité des transports. Des économistes ont montré que l'élasticité, c'est-à-dire la capacité d'extension de la productivité par rapport à la taille d'un marché, est de 0,18 et que l'élasticité de la taille par rapport à la vitesse des transports est de 1,6. Autrement dit, l'élasticité de la productivité par rapport à la vitesse des déplacements est légèrement supérieure à 3 (0,6 divisé par 0,18 = 3,3). Retenons l'indice 3 pour dire qu'une augmentation de 10 %

de la vitesse de déplacement va augmenter la production de 3 %.

Par nature, l'étalement urbain, qui traduit un allongement des distances entre le lieu de résidence et le lieu de travail, est donc un obstacle sérieux à l'efficacité économique. Si la croissance horizontale de la ville ne s'accompagne pas d'une croissance au moins égale des moyens de transport et des vitesses de transport, la ville détruit des emplois, ou, à défaut, l'offre et la demande ne se rencontrent pas. Pour parler plus directement, des demandeurs d'emploi ne trouvent pas de job et les entreprises en recherche de main-d'œuvre peinent à trouver les collaborateurs dont elles auraient besoin.

Cette réalité dépasse et de loin les seules problématiques de la SNCF. Il est temps de prendre le taureau par les cornes et de consacrer à l'Île-de-France les moyens d'assurer une mobilité ferroviaire en rapport avec ses ambitions. Comme le disent les auteurs du rapport, « *maintenir ou augmenter la vitesse des déplacements urbains et surtout périurbains est un enjeu actuel de la politique des transports. Ne pas y parvenir aurait un coût en matière de croissance* ».

## ■ UNE URGENCE

La remise en état du réseau ferré en Île-de-France a été évaluée, *a minima*, à 18 milliards d'euros. Le Grenelle de l'environnement et le Groupement des autorités des transports publics (GART) estiment la totalité des travaux à 27 milliards d'euros. La région pourrait en financer 12. C'est elle, à travers le STIF (Syndicat des transports en IDF), qui gère le rail, avec la SNCF comme opérateur. Dix-huit milliards d'euros, c'est un peu plus que le chiffre d'affaires annuel de l'établissement public SNCF. La banlieue parisienne, faut-il le rappeler, c'est 60 % des voyageurs transportés chaque jour par la SNCF.

Pourtant, personne ne semble se soucier de ces banlieusards. Personne, et même pas le président de la République qui, le jeudi 5 février 2009, devant tous les Français, lors d'un entretien avec des journalistes, répète à plusieurs reprises que la France va construire quatre nouvelles lignes de TGV l'an prochain (en 2010). Quatre lignes de TGV, dit-il, des investissements qui correspondent à des actifs et qui ne sont pas de l'argent jeté par les fenêtres ? Hélas, mille fois hélas, non seulement ces investissements seront à terme appauvrissants pour la communauté nationale, tant ils sont à resituer dans un ensemble qui génère des pertes et non des profits, mais comment construire des lignes nouvelles quand il faudrait prioritairement faire rouler les trains dans des conditions normales en Île-de-France ! La seule explication est celle d'un arbitrage politique. M. Sarkozy préfère soutenir la construction de nouvelles lignes par les grands groupes de travaux publics, plutôt que d'investir dans la rénovation du réseau francilien géré par un conseil régional socialiste.

Dommage ! Une vraie politique de transport en France devrait donner la priorité aux transports urbains et périurbains, et respecter les logiques économiques et opérationnelles intermodales sur les longues distances. Cependant, il n'est pas trop tard pour changer d'avis et pour arbitrer en faveur d'un outil essentiel qui pourrait soutenir la mobilité dans la région capitale. Il est urgent de relier les villes et les centres économiques de la grande région parisienne. Une fois encore, un habitant de Marne-la-Vallée n'a aucune chance de trouver un travail dans la zone de Roissy s'il n'est pas propriétaire d'un moyen de transport individuel. Les trains rejoignent le cœur de l'étoile et non les branches de celle-ci. Dans ce contexte, le projet de liaison périphérique reliant les ensembles urbains de la deuxième couronne parisienne permettrait de lier les objectifs d'amélioration de la mobilité et les préoccupations de respect de l'environnement.

Le projet de rocade ferrée de moyenne couronne de la SNCF s'impose comme un outil essentiel. Il semble mieux adapté à l'évolution de la demande de transport telle qu'elle s'exprimera dans les cinquante ans à venir. Face à ce projet, la RATP propose une liaison circulaire en proche banlieue. Compte tenu des arbitrages budgétaires, les collectivités publiques et l'État

## Hypothèse de liaison périphérique reliant les ensembles urbains de la deuxième couronne parisienne

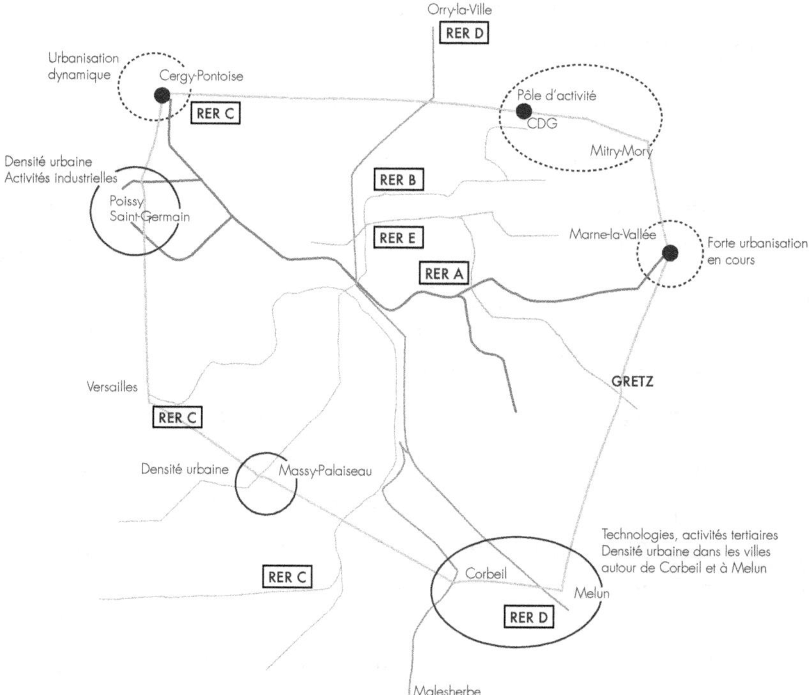


devront choisir. Le projet de rocade SNCF présente l'immense avantage d'apporter une réponse immédiate aux besoins de transport en grande banlieue et anticipe la croissance de l'agglomération parisienne. Il met en relation des pôles d'activité qui pourront tirer parti de cette nouvelle liaison pour accroître leurs synergies humaines et économiques. Les Franciliens savent que la partie n'est pas gagnée. Combien de fois leur a-t-on promis d'améliorer leur situation ?

Les nouvelles rames destinées à remplacer les trains des années 1960 et 1970 ne seront mises en service que très progressivement. Les Franciliens doutent. Les transports publics seront un enjeu majeur dans la campagne pour les élections régionales.

Les éléments de l'équation sont connus :

* La population francilienne va continuer d'augmenter. Le nombre de voyageurs progresse de 5 % par an.

* La demande de logements neufs s'exprime dans les zones les plus éloignées du centre où le volume des terrains à bâtir et les prix sont en concordance avec les revenus de la classe moyenne.

* Le réseau des routes et des autoroutes est saturé et rien ne permet de croire sérieusement que de nouvelles voies de circulation apporteraient des solutions durables.

Les pouvoirs publics et la SNCF doivent être placés face à leurs responsabilités. Le transport francilien est sans doute moins « marketing » que la grande vitesse et les rêves napoléoniens des lignes « du futur », mais c'est bien là que se joue aussi le point de croissance qui nous manque. Une réforme s'impose. Quelle forme pourra-t-elle prendre ? Est-il temps de bâtir une nouvelle entreprise publique dédiée aux transports parisiens ? Une nouvelle société d'exploitation associant la RATP et le réseau francilien de la SNCF ? Certains syndicats rappellent que les deux métiers sont différents. À quelques kilomètres de Paris, en banlieue, les agents de la SNCF cohabitent sur le rail avec les TGV et les trains de grande ligne. Le métro reste un endroit fermé. Mais, est-ce un handicap incontournable ?

Les logiques opérationnelles finissent toujours par s'imposer. Le transport intra-urbain présente des caractéristiques propres à son réseau et à ses missions. Dès lors, la fusion des activités attachées au transport parisien dans une seule entreprise bénéficiant d'un budget tenant compte des besoins en investissement, sans modification du statut des agents, est non seulement souhaitable, mais elle est possible. Dans un monde fortement urbanisé, la mobilité est un facteur de croissance essentiel. Pour reprendre l'expression employée par Nicolas Sarkozy, les investissements consentis en Île-de-France viendront s'adosser « à des actifs » durables et créateurs de richesses partagées. Monsieur le président, voila une réforme qui marquerait une rupture que les Franciliens attendent depuis au moins vingt ans !

# 4

# La politique commerciale

## ◼ DES TARIFS À LA TÊTE DU CLIENT ?

Les consommateurs peuvent légitimement avoir l'impression que les grilles tarifaires de la SNCF manquent de lisibilité. Des billets de 1$^{re}$ classe moins chers que les billets de 2$^{de}$ sur le même trajet, des prix multiples dans la même classe, le même jour pour le même train… et des prix qui augmentent, trop vite pour les voyageurs, moins vite que l'inflation selon l'omniprésident Guillaume Pépy ; les consommateurs s'interrogent.

La SNCF est confrontée à la problématique de tous les transporteurs de masse. En augmentant le volume de l'offre, elle a dû mobiliser les bons outils pour gérer la recette unitaire. Le train utilise maintenant les recettes du transport aérien. Peut-on le lui reprocher ? Les tarifs de la SNCF correspondent à une demande morcelée et différenciée. Les hommes d'affaires sont moins flexibles que les retraités ou les étudiants. Les tarifs du matin et du soir sont plus élevés que les autres. L'astuce consiste pour la SNCF à élargir les zones horaires considérées comme des périodes de pointe. Elles auraient augmenté de presque 10 % depuis deux ans. Et les prix auraient suivi. Mais comment le démontrer ?

En annonçant un prix moyen coupon (PMC) à 42 € sur les lignes TGV, Guillaume Pépy a sans doute privilégié une communication très politique. Dans sa bouche, le PMC devient une arme redoutable de combat contre les autres modes de transport : non seulement le TGV est moins polluant, mais il est moins cher (que l'avion et, bien sûr, que la voiture). Le prix moyen coupon est une donnée stratégique et, généralement, secrète. Aucune compagnie aérienne n'accepte de communiquer sur cet indicateur qui permet de détricoter son modèle et sa rentabilité. Il est donc très étonnant d'entendre un chef d'entreprise communiquer sur un secret que gardent jalousement les services du *yield management*. Dans le cas de la SNCF, ce PMC est sujet à caution : intègre-t-il les gratuités accordées aux collaborateurs de l'entreprise et à leurs familles, les multiples cartes de réduction ? La gestion de la recette constitue le disque dur du système, mais rien ne permet de valider le chiffre de 42 €.

À la Cour des comptes, on affirme à l'inverse que la SNCF n'est pas en mesure de produire une comptabilité analytique qui évaluerait fidèlement la rentabilité ou les pertes des divers centres de résultats, et encore moins le compte de résultat ligne par ligne. Et puisque nous parlons d'argent, rappelons ici que la recette commerciale du secteur passager ne forme pas l'essentiel des revenus de la SNCF. Foin des polémiques, la segmentation tarifaire est un bon outil, et la conversion de la SNCF à ses principes doit être approuvée. Bravo donc à tous les présidents et dirigeants de la compagnie qui ont introduit le *yield management* dans la politique commerciale du transport ferroviaire. Les « petits prix » de la SNCF élargissent le marché de la mobilité et offrent des opportunités de voyage à des consommateurs qui ne voyageaient pas. Le seul reproche qu'on puisse adresser à la direction de l'entreprise tient au flou qui entoure ses pratiques.

Hervé Mariton, député, auteur de nombreux rapports parlementaires sur les questions des transports, écrit que les « *écarts maximum de prix pour une même prestation sont à la SNCF de un à trois* » contre un à sept dans le transport aérien. Pour le Conseil d'État, les tarifs doivent tenir compte des coûts pour ne pas menacer la rentabilité de chaque liaison TGV. Autrement dit, pas de dumping tarifaire ou de vente à perte qui seraient compensés par la subvention des contribuables aux chemins de fer français. Partisan de la transparence, M. Mariton propose de faire figurer plusieurs éléments référents sur les billets de train : « *Lors de l'achat d'un billet TGV, le consommateur a communication du prix médian, hors cartes d'abonnement, du trajet considéré pour l'année civile antérieure. Lors de la réservation à un guichet de gare ou d'agence, le consommateur dispose d'un écran reproduisant le contenu de celui du vendeur ou peut consulter l'écran de ce dernier.* » Enfin, M. Mariton plaide pour que tous les billets TGV comportent l'indication du montant du péage (à RFF) acquitté par le voyageur, en euros et en pourcentage de son prix total. L'initiative est louable mais se heurte à un autre principe de transparence. Nous savons maintenant que les péages acquittés par la SNCF à RFF ont été calculés en fonction de la capacité contributive du transporteur et non sur la base du coût réel pour la collectivité.

## ■ LE *YIELD MANAGEMENT*

Le *yield management* vient des États-Unis et du secteur du transport aérien. Après la libéralisation du ciel, les volumes proposés au marché augmentent très sensiblement. Les compagnies sont appelées à gérer simultanément deux paramètres : le risque du siège vide et la recette unitaire. Il faut vendre suffisamment de places à bas prix pour être sûr de remplir l'avion, mais pas trop pour ne pas dégrader la recette moyenne par siège. Dans le transport, ferroviaire ou aérien, la production n'est pas stockable. Un siège vide au départ du train ou de l'avion est un siège perdu.

Le *yield management*, c'est ici la quadrature du cercle. Le *yield* (priorité) s'adosse d'abord au paramètre du temps. C'est d'ailleurs la communication officielle de la SNCF : « *Réservez plus tôt, vous paierez moins cher !* » Le *yield* soutien une règle simple : « Les premiers arrivés sont servis moins cher. » Il existe quelques inflexions à la règle. La veille du départ, un train à moitié vide est un train à moitié perdu. On peut aussi trouver des prix bas au tout dernier moment. La segmentation tarifaire est mise en œuvre grâce à des logiciels complexes qui intègrent des invariants, comme la fréquence ou la quantité de places émises, mais aussi des éléments variables, comme la saisonnalité ou les statistiques de fréquentation des années précédentes. Les classes tarifaires basses sont ouvertes au moment de la mise en vente. Puis, plus les jours passent, plus les tarifs augmentent, jusqu'à arriver, sauf cas exceptionnel, aux derniers jours avant le départ à un prix réputé le plus élevé. La SNCF considère alors le client comme captif et augmente les prix de vente. Un consommateur qui réserve un Paris-Londres ou un Paris-Strasbourg la veille du départ exprime un besoin exprès de mobilité. Le transporteur n'a, dans ce cas, aucune raison de dégrader sa recette. Il tirera partie de la situation.

Le *yield* est censé organiser la rencontre de l'offre et de la demande autour du prix. La SNCF s'y est convertie en abandonnant sa politique qui consistait à publier à l'avance un prix plancher et un prix plafond. Le vrai danger pour le consommateur, c'est, à terme, le déséquilibre intermodal du marché, autrement dit, la disparition de l'avion sur les trajets du TGV. Les monopoles ne sont jamais bons. La culture de la SNCF, quoique récemment convertie au marché, reste très dominatrice. Un marché monopolistique contrôlé par une entreprise androgyne, mi-service public, mi-entreprise du secteur concurrentiel, est à terme un marché à la hausse pour le consommateur.

Les prix du TGV devraient augmenter dans les années à venir, notamment en raison de la hausse prévisionnelle des péages. L'État n'entend pas briser la dynamique commerciale de la SNCF. Mais a-t-il pour autant le choix ? Le déficit de RFF se creuse, et sa dette est proche des 30 milliards d'euros. Les besoins en maintenance du réseau s'accroissent. Il ne reste qu'à augmenter les péages et à intégrer des éléments de modularité qui étaient jusqu'à ce jour étrangères à la logique tarifaire entre les deux entreprises. La SNCF devra payer plus cher pour faire circuler ses TGV à double pont. C'est un coup dur pour elle, dans la mesure où la logique commerciale du transporteur est de saturer le marché en augmentant massivement ses capacités. La hausse des prix du TGV est donc inévitable. Elle est inscrite dans l'ordre des choses. La réforme des péages devra se faire à budget constant pour l'État qui renfloue régulièrement les caisses de RFF, et aide donc indirectement la SNCF. Rue du Commandant-Mouchotte, la perspective d'une hausse des péages fait bondir. Les vieux discours sont de retour : « *Au moment où la concurrence s'ouvre et que la SNCF doit renouveler son matériel TGV, cette réforme risque de mettre en péril le modèle de la grande vitesse française qui veut le maximum de voyageurs à des prix attractifs[1].* »



---

1. Mireille Faugère, directrice Grandes Lignes, in *Les Échos*, le 14 avril 2008.

# L'IDTGV, UNE IDÉE DE GÉNIE

Pour améliorer leurs résultats, les compagnies aériennes à bas prix ont développé des revenus annexes (*ancillary revenues*) et appliqué un modèle de gestion optimisé. L'iDTGV s'inspire de ces recettes pour trouver sa place sur le marché. Sur le plan marketing, l'iDTGV est une innovation remarquable. Sur le plan politique, et compte tenu des conditions d'exploitation du rail en France, l'iDTGV accroît les pertes de la SNCF.

Au tout début de la nouvelle formule, la SNCF annonçait vouloir attirer 50 % de nouveaux clients dans ces trains à bas prix. Les autres 50 % seraient pris à la clientèle habituelle du TGV. iDTGV menaçait donc de cannibaliser une partie de la clientèle des TGV en dégradant la recette unitaire. L'iDTGV n'est pas un train différent du TGV, il part du même quai, à la même heure, mais ses billets ne sont vendus que sur Internet, ils ne sont ni remboursables ni échangeables. La nouvelle formule rappelle ce slogan publicitaire emprunté au monde de la chaussure : il faudrait être fou pour dépenser plus. Pourquoi en effet payer le « plein tarif » pour un train qui part du même quai et arrive sur le même quai à Paris, Marseille ou Toulon ?

La différence ? L'utilisateur parvient rapidement à s'en imprégner. Les quatre voitures iDTGV sont accrochées au reste de la rame. Des personnels, non statutaires de la SNCF, contrôlent les billets, imprimés chez le voyageur, sur le quai de départ à l'aide d'un lecteur de code-barres. Il n'y aura plus de contrôle dans les voitures une fois le train en mouvement. En revanche, nouvelle recette empruntée au monde aérien, la SNCF a simplifié les standards et propose des produits additionnels payants, à bord, comme des séances de massage ou des DVD en location, ces fameux revenus subordonnés qui n'accroissent pas le coût de production mais soutiennent le résultat. Les voitures iDTGV sont tractées par la motrice d'un TGV « régulier » et si les coûts variables augmentent (énergie supplémentaire de traction, notamment), l'iDTGV circule dans le sillage du TGV. C'est un pur produit additionnel.

Le seul problème de ce nouveau produit, c'est sa proximité avec les autres produits de la gamme : iDTGV est une société à part, mais est-ce si important pour le consommateur ? Ce que retient le client, c'est qu'il y a quatre voitures moins chères que les autres sur le quai, au départ du même train. Les chiffres du trafic voyageur 2008 confirment l'engouement des consommateurs pour ce TGV « Canada Dry ». Le trafic iD a progressé de 47,8 % en 2008, contre une progression de 4,5 % pour les TGV (+ 9,1 % si on tient compte de l'ouverture du TGV Est). Les consommateurs arbitrent par le prix, surtout quand il s'agit d'un service dont la durée de consommation est très faible[1].

---

1. Le consommateur de loisirs et le voyageur d'affaires, souvent sous la pression de son entreprise, préféreront réduire leur facture transport, d'autant que les écarts de prix entre TGV et iDTGV vont avoir tendance à se creuser.

Toutes les entreprises qui ont lancé des produits *low cost* simplifiés ont avant tout cherché à différencier ces produits. La Logan *by Renault* est fabriquée en Roumanie, selon des processus industriels exigeants, mais non comparables à ceux des chaînes françaises de Laguna ; Air France, qui a lancé une compagnie à bas prix, l'a appelée d'un autre nom et s'est bien gardé d'y associer sa marque. Les exemples ne manquent pas. Le danger d'un produit simplifié mais pas assez différencié, c'est qu'il menace le reste de la gamme. L'iDTGV était une excellente idée, mais une idée à risque. La stratégie de développement sur des trains de nuit, plus lents, dédiés aux jeunes, aménagés en boîte de nuit, paraît beaucoup plus proche du modèle *low cost* et plus à même d'élargir le marché en offrant de nouvelles opportunités de voyage aux consommateurs.

## ■ LE TEMPS, C'EST DE L'ARGENT

La politique tarifaire de la SNCF traduit déjà le passage d'un modèle économique à un autre. L'introduction de la segmentation tarifaire s'accompagne de nouvelles règles de vente, comme la réservation obligatoire sur les trains à grande vitesse. Les tarifs varient en fonction des trains et des types de machine. L'exemple du Paris-Toulouse est significatif. Nous avons relevé les tarifs des deux options offertes aux consommateurs. Le Paris-Toulouse *via* Brive, en TEOZ et en autorail, et le Paris-Toulouse *via* Bordeaux, en TGV. L'écart de prix entre les deux formules est de presque 25 %.

### À quel prix relier Paris-Toulouse en train ?

Paris-Toulouse-Paris en 2e classe
Départ vendredi 20 février 2009 dans l'après-midi,
Retour le dimanche 22 avec arrivée
à Paris en fin de soirée

| Paris-Toulouse | TEOZ + Autorail | Durée : 6 h 57 | 75,90 € |
| | TGV | Durée : 5 h 16 | 92,90 € |

| Toulouse-Paris | TEOZ | Durée : 6 h 13 | 73,60 € |
| | TGV | Durée : 5 h 24 | 92,90 € |

| Prix total A/R en TEOZ 149,50 € |
| Prix total A/R en TGV 185,80 € |

Dans son rapport sur la politique tarifaire de la SNCF, Hervé Mariton évoque l'inégalité de traitement des voyageurs par l'accès aux meilleurs tarifs. Les meilleurs prix se trouvent sur Internet. M. Mariton soulève la double question de l'accessibilité et de la compréhension. Il se demande aussi dans quelle mesure le voyageur flexible, capable d'anticipation, doit devenir le principal gagnant de la politique de segmentation tarifaire.

Les services commerciaux de la SNCF ont fait de gros efforts pour proposer une offre large au marché. Je ne vois aucune raison de les en blâmer. Les limites de la politique tarifaire sont ailleurs. La question des stratégies de prix se pose évidemment dans le cadre d'une activité structurellement déficitaire. Une autre bonne raison pour (re)définir clairement les missions du chemin de fer en France.

# 5

# L'ambition de l'aménagement du territoire

## ◼ LES MARCHANDISES AVANT LES HOMMES

Le chemin de fer français, comme celui de nos voisins européens, a été créé pour accompagner le développement des activités industrielles au XIX$^e$ siècle. Il accomplit ses premiers tours de roues dans le bassin de la Loire, entre Saint-Étienne et Lyon. Sa fonction est d'accélérer la circulation de la houille et de désenclaver le bassin de Saint-Étienne, enserré dans les monts du Forez. La naissance des chemins de fer est attachée à une invention technique décisive du XIX$^e$ : le moteur à vapeur. On peine à représenter ce que cette innovation technique a pesé dans la vie des sociétés européennes. Le développement de la sidérurgie, du moteur à vapeur et de l'Internet appartient à la même lignée des inventions décisives qui ont assuré le progrès de la technologie.

Dans un pays comme la France, où l'État joue un rôle important dans l'administration de l'économie et dans l'aménagement de l'espace, le train est un outil de gestion qui ne restera pas longtemps entre les mains du secteur privé. Le chemin de fer est par excellence une activité en réseau, à forte intensité capitalistique et, par conséquent, assez impropre à la concurrence. C'est particulièrement le cas quand l'opérateur unique est en charge du réseau, de son entretien, des véhicules et des personnels. Le transport ferroviaire est une activité non contestable. Les coûts d'entrée et de sortie son tels qu'ils excluent par avance un nouvel entrant. Dans des pays plus libéraux comme la Grande-Bretagne, les privatisations des sociétés de chemin de fer ou du métro de Londres ont été très décevantes. Les critiques à adresser à la gestion de la SNCF ne remettent pas en cause le principe de l'intervention publique dans le transport ferroviaire. Nous avons vu que sans l'État, c'est-à-dire sans nous, la SNCF serait en faillite depuis bien longtemps.

Le train est indéniablement attaché à notre histoire et à l'aménagement de notre territoire. Il est curieux d'observer qu'il s'est développé dans des régions escarpées, difficiles d'accès, alors qu'il aurait rapidement pu être identifié comme un moyen de transport efficace, pertinent et économique sur des territoires plats. Qu'importe, le réseau de train se densifie tout au long du XIXe et du XXe siècle. La France est un pays ferroviaire. Elle a l'esprit cheminot. Les travaux d'électrification sont engagés sur des axes jugés prioritaires, la course à la vitesse étant déjà dans les esprits : en 1933, une micheline relie Paris à Deauville à 114 km/h ! En 1938, un nouveau record est battu entre Paris et Strasbourg : 130 km/h, puis, après la Deuxième Guerre mondiale, en 1949, un train alimenté par l'énergie électrique roule à 131 km/h de moyenne sur l'ensemble du trajet entre Paris et Bordeaux. En 1967, pour ne retenir que ce chiffre symbolique, le Capitole roule à 200 km/h entre Étampes et Orléans sur l'axe Toulouse-Paris.

Le rail est champion de France du transport collectif. Une seule ombre au tableau : on pensait que le train entre Paris et la province permettrait de développer des flux économiques « équitables », c'est-à-dire profitant autant au centre qu'à la périphérie. Or, que se passe-t-il ? Avec le train, les flux sont centripètes. Autrement dit, ils sont dirigés vers le centre. L'ouverture de voies de communication des hommes et des marchandises entre Paris et les régions a facilité les relocalisations d'activités en grande région parisienne. Les flux descendants ont été des flux appauvrissants. Grâce au chemin de fer, les produits à valeur ajoutée sont fabriqués au centre ou dans les centres urbains importants. La globalisation française, c'est-à-dire le mouvement de concentration, s'est clairement adossée au développement du train. Les grandes entreprises recherchent la taille critique et se concentrent.

Elles donnent la priorité aux territoires du centre pour toutes les options de transport qu'ils offrent. Dans le domaine ferroviaire, comme dans beaucoup d'autres, la France s'est montrée bonapartiste. Tout pour le centre, et ce qui reste pour la périphérie. Ce n'est sans doute pas un hasard, si un grand géographe français, Jean-François Gravier, publie peu après la fin de la Deuxième Guerre un ouvrage dont le titre symbolise à lui seul la faiblesse du modèle français d'aménagement : *Paris et le désert français*.

## ▪ ANAMORPHOSE

Dans un pays très centralisé comme la France, l'efficacité globale du réseau ne peut être que limitée. Ceux qui voudraient que la SNCF copie le modèle allemand, beaucoup plus efficace sur le fret, oublient que l'Allemagne est un État fédéral : les centres géographiques et économiques sont multiples. Les métropoles d'équilibre jouent leur rôle de capitales régionales (*Länder*). Du coup, les forces humaines et économiques sont mieux réparties sur le territoire. Le réseau fonctionne en étoiles multiples et non en *hub and spokes*, comme c'est le cas en France. La principale critique que l'on peut adresser aux politiques de développement du réseau, c'est qu'elles ont radicalisé les inégalités territoriales. Les régions fortes ont été renforcées par le train, puis par les LGV, comme le sillon Paris, Lyon et Marseille, Paris-Lille, Paris et l'Ouest ; les autres régions, et particulièrement le corridor entre Paris et Toulouse, en incluant les régions du Centre, du Limousin, de l'Auvergne et une partie de Midi-Pyrénées, correspondent aujourd'hui à un vrai désert ferroviaire.

## ■ LA SNCF A FAIT UNE CROIX SUR CERTAINES LIGNES

Pour la SNCF, engagée dans sa course aux kilomètres supplémentaires de lignes à grande vitesse, le Paris-Toulouse passera par Bordeaux. La volonté des dirigeants de l'entreprise est d'interrompre définitivement le Paris-Toulouse par Limoges, Brive, Gourdon et Cahors. Dans le plan de développement que la SNCF garde secrètement dans les cartons, la suppression du Paris-Toulouse par l'itinéraire du Capitole est actée. Si elle parvient à gagner son bras de fer contre les élus et les usagers, le Paris-Toulouse se transformera en Paris-Limoges. Il reviendra alors au Conseil régional de Midi-Pyrénées, présidé par le Lotois Martin Malvy (PS), d'assurer la liaison entre Brive et Toulouse, *via* Gourdon, Cahors et Montauban avec un train régional ! L'ancienne ligne emblématique du Capitole deviendra peut-être un train rapide sur le segment POL, Paris, Orléans, Limoges, et jusqu'à Brive, puis un train régional omnibus à petite vitesse entre Brive et Toulouse. Le schéma de développement de lignes à grande vitesse prévoit une bretelle Poitiers-Limoges.

Dans un contexte où la SNCF et RFF privilégient l'entretien des voies à grande vitesse, que deviendra la dernière partie de ligne entre la Corrèze et Toulouse ? L'état de la voie se dégradera, comme c'est le cas sur le réseau du Massif central, et les autorails climatisés et confortables mis en service sur certaines lignes devront rouler au pas (dans un décor il est vrai majestueux) ! Pour une région qui couvre le territoire de Limoges à Toulouse et de Rodez à Bergerac, les dessertes locales se résumeront à un éloge de la lenteur. À Gourdon, sous-préfecture du département du Lot, les usagers clients du train ont choisi un mode de protestation pacifique et symbolique. Une association « d'usagers », « Tous ensemble pour les gares », rassemble 2 400 adhérents, parmi lesquels des cheminots, des voyageurs et des chefs d'entreprise. « *La SNCF*, commente Christophe Schimmel, animateur du comité, *se comporte comme un transporteur de masse, qu'il s'agisse de la branche passagers ou du transport de marchandise. Elle considère que les dessertes locales, le cabotage, ne sont plus dans ses missions.* » Pourtant, la région Midi-Pyrénées a misé sur le transport ferroviaire de proximité. Depuis dix ans, elle investit massivement. Du coup, en trois ans, elle a doublé le nombre de passagers régionaux. « *Les travaux de remise en état du réseau ont été très lourds*, dit M. Schimmel. *Des voies ont été fermées pour quatre mois, mais, au moins, on roule aujourd'hui sur un réseau plus performant.* »

Ce qui provoque l'*ire* des voyageurs, c'est plutôt la stratégie de développement de l'EPIC SNCF. Juste une question de priorité. « *Avec la moitié de l'enveloppe prévue pour le raccordement de Poitiers à Limoges en TGV, on pourrait mettre Paris à 4 h 30 de Toulouse*, affirment les responsables du comité Tous ensemble. *Grâce à des travaux de réaménagement des courbes et de sécurisation de passages à niveaux sur la ligne POLT (Paris-Orléans-Limoges-Toulouse), les trains pourraient rouler à une vitesse moyenne de 140 km/h, contre seulement 90 aujourd'hui.* » Les trois régions qui avaient financé les études préliminaires se sont retournées contre l'État lorsque celui-ci a abandonné le projet. De son côté, la SNCF affirme que la suppression des arrêts dans les villes du Lot et du Nord toulousain a permis de gagner 20 % de clients en plus, mais ces chiffres ne sont pas vérifiés par les contrôleurs qui travaillent dans les trains. *« Quand on veut tuer son chien, on dit qu'il a la rage »*, commente un syndicaliste, membre du comité central.

## ■ LA DÉFAILLANCE DU FRET

Le déficit de desserte touche les voyageurs, mais il impacte aussi la politique des entreprises locales. Prenons le cas des confitures de la marque Andros située à Bretenoux dans le nord du Lot. Les usines lotoises achetaient des quantités importantes de sucre liquide acheminé par train. La SNCF leur a présenté un nouveau devis qui faisait doubler le prix du transport. Du coup, ils ont acheté 30 camions qui assurent maintenant les livraisons. Dans l'Aveyron, l'entreprise Matière, spécialisée dans les charpentes métalliques de grande dimension (pour les ouvrages d'art), fabrique des pièces de très grand gabarit. Ces pièces ne peuvent être transportées que par le rail. L'arrêt du service de fret conduira Matière à fermer son site de production, avec 80 emplois à la clé, pour le relocaliser à un endroit où les transports sont adaptés à sa demande.

Dans le secteur des voyageurs comme dans celui du fret, la SNCF a fait le choix de laisser à d'autres le soin de remplir les missions de proximité. Cette stratégie de très grande entreprise pose la question des fonctions d'un établissement public. La mission d'aménagement du territoire était au cœur du cahier des charges de l'entreprise. Ne soyons pas obtus et admettons qu'avec l'Europe, le cadre pertinent a changé de géographie. Les usagers des régions, personnes physiques et personnes morales, réclament une clarification et une politique cohérente. Le Grenelle de l'environnement proclame la suprématie du transport ferroviaire sur les autres moyens de transport, individuels ou collectifs. Or, selon les chiffres, entre 15 et 17,5 milliards de TKT (tonnes kilomètre transportées) sont passés ces dernières années du rail à la route. C'est l'équivalent de 2 millions de camions supplémentaires. Le secteur routier est à l'évidence un immense réservoir d'emplois.

On peut comprendre la préoccupation sociale, mais il faut dire clairement si les choix retenus sont de simples affichages ou si, à l'inverse, il s'agit d'une politique à deux vitesses. En son temps, le plan Véron (du nom de son rédacteur) pour le fret avait annoncé la couleur : la SNCF va concentrer ses efforts sur les grandes autoroutes ferroviaires. Le couloir Luxembourg-Perpignan fait partie de ces voies à grande circulation. Les voyageurs du Massif central regroupés en association affirment que la transformation du Paris-Toulouse *via* Brive en Paris-Limoges est destinée à libérer de l'espace pour les trains de fret. Ce choix peut se justifier, mais il conviendra d'en assumer les conséquences, y compris sociales, en matière d'aménagement des zones désertifiées.

## Carte du désert ferroviaire français

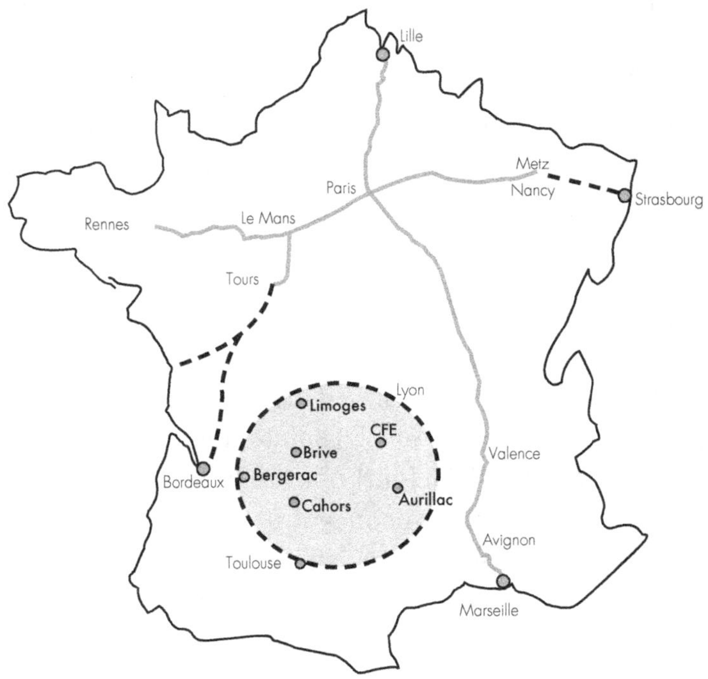


Les géographes parlent de la diagonale du vide, des Ardennes aux Pyrénées, pour décrire des territoires en retard de développement. Dans le secteur du transport ferroviaire, la diagonale est remplacée par un trou noir. Le trou noir du grand Massif Central.

## ■ LONDRES PLUS PROCHE QUE PARIS

Au moment où les trains se vident, des avions se remplissent : 350 000 passagers par an à l'aéroport de Limoges-Bellegarde, au moins autant à Bergerac. Des voyageurs venus du Royaume-Uni dépenser leurs économies dans les régions de France que la SNCF déserte ! Il y a encore quelques illuminés comme le Vert Alain Lipietz pour déplorer que l'on prenne l'avion pour un oui ou pour un non. En fait, pour un rien. Chacun chez soi et les vaches seront bien gardées. Les centaines de millions d'euros dépensés par les touristes des compagnies à bas prix soutiennent pourtant des économies régionales durement éprouvées.

À Bergerac, la suppression des liaisons ferrées directes avec Paris, notamment le train de nuit, a été vécue comme un nouveau coup dur. Les chefs d'entreprise de la région ont protesté, mais en vain. Ils font justement observer que Londres est désormais, grâce à Ryanair, plus proche que Paris en temps de transport. Curieux paradoxe qui place tous les acteurs face à leurs responsabilités, et parfois aussi face à leurs inconséquences.

Mais à quoi tient cette folie des grandeurs quand le minimum du minimum n'est pas assuré, en Île-de-France, comme nous l'avons vu, mais aussi dans les régions de France ? Hervé Mariton a son explication : « *C'est le fantasme du ruban à couper.* » Le TGV est devenu un outil indispensable dans la panoplie des élus locaux et régionaux. Avec un TGV, on est presque sûr d'être réélu. Honte en revanche à celui qui n'aura pas son extension de ligne à grande vitesse. Faire de la politique par le haut imposerait des réponses claires à quelques questions gênantes : la priorité doit-elle être donnée aux retraités de la Côte d'Azur ou aux voyageurs des départements de la couronne parisienne qui contribuent précisément à payer les retraites des premiers ? Le pacte républicain impose au moins de poser la question aux intéressés.

# 6

# Les relations sociales

## ■ POUR UNE GOUVERNANCE PLUS ÉCLAIRÉE

La question de la (bonne) gouvernance se pose à la SNCF. L'entreprise est-elle bien dirigée ? Les choix stratégiques sont-ils les bons ? La gestion des relations sociales pourrait-elle être plus pertinente ? Les questions sont nombreuses, mais les réponses se heurtent au clair-obscur qui entoure l'avenir du rail français.

Dans les rangs de la majorité politique, Roger Karoutchi, ministre des Relations avec le Parlement et chef de file de la droite au conseil régional d'Île-de-France, milite en faveur de la création d'une entreprise dédiée au transport en Île-de-France. Cette coquille juridique de droit public, sans doute sous la forme d'un établissement public industriel et commercial, aurait pour vocation de fusionner les activités de transport urbain des Transiliens et des métros. Un établissement unique gérerait-il au plus juste le périmètre francilien du réseau ferré ? Le cas des RER A et B, conjointement opérés par la SNCF et la RATP, montre bien que la « double commande » a ses limites. « *Encore que cette situation a des effets collatéraux positifs*, ironise Jean-Claude Delarue. *Quand la SNCF est en grève, une partie du service est assurée par les conducteurs de la RATP.* »

Une entreprise unique aurait aussi le mérite de trancher définitivement le grand écart entre, d'un côté, les lignes internationales et les TGV et, de l'autre, les réseaux régionaux. Les dirigeants de la SNCF, et particulièrement Guillaume Pépy, ont bien du mal à vivre avec ce dilemme. Les questions de vocabulaire ont un sens. La SNCF transporte des clients sur ses lignes à grande vitesse. Pourquoi des clients ? Au moins parce que ceux-ci ont le choix entre le train et l'avion. En revanche, en Île-de-France, le consommateur est un usager. Il n'a aucune autre option de transport public que le RER ou le métro.

La concurrence est pratiquement impossible dans les transports publics en Île-de-France. Dans certains cas, il faut même dire très clairement que le monopole est souhaitable. Quand il permet de baisser les coûts de production (théorie des rendements croissants), le monopole est pertinent. Il s'applique particulièrement aux activités en réseau pour lesquelles le droit d'entrée est tel qu'il interdit les nouveaux entrants. Les salariés de la SNCF sont très majoritairement opposés à une scission des activités qui reviendrait pour eux à un « démantèlement ». On peut les comprendre, mais, à terme, n'est ce pas une logique qui s'imposera d'elle-même ?

Osons une comparaison avec le transport aérien. Air France et Air Inter ont vécu l'une à côté de l'autre pendant longtemps. Air France assurait un service international sur des marchés concurrentiels, sans que l'on puisse parler de service public des transports. En revanche, Air Inter a participé activement à l'aménagement des territoires, au désenclavement de certains d'entre eux, en appliquant le principe de la péréquation. Les lignes riches payaient pour les lignes pauvres. Autrement dit, Nice, Marseille ou Toulouse payaient pour Limoges, Clermont-Ferrand ou Tarbes-Lourdes. La fusion des deux entreprises a été un vrai poison pour les territoires les plus faibles. Les missions de service public ont reculé.

L'expérience a montré qu'une entreprise dont le périmètre d'activité est précis est toujours plus efficace pour les consommateurs qu'une entreprise aux missions multiples et, parfois, contradictoires. Le nouveau président de la SNCF est à lui seul le symbole de ces contradictions. Son itinéraire n'est pas celui d'un chef d'entreprise. Énarque, M. Pépy ne connaît que l'univers des cabinets ministériels (comme celui de Martine Aubry) et des entreprises du secteur public. Que sait-il du marché ? Sans doute peu de choses, lui qui a osé publier des comptes bénéficiaires dans une entreprise où la subvention d'État, directe ou déguisée, est une règle permanente. Quel chef d'entreprise du marché aurait accepté de jouer un tel tour de passe-passe ? La seule chose qui explique ces contorsions financières, note un membre du cabinet de Dominique Bussereau, c'est « *son désir absolu de plaire au président* ». Guillaume Pépy aime le pouvoir. D'ailleurs, il a organisé son entourage comme celui d'un prince. « *Une petite cour de fidèles et un grand vide avec le reste de l'encadrement* », affirme un membre de la direction.

Les syndicalistes se sont aperçus de cet écart. Ils s'en plaignent et en viennent à regretter le management de Louis Gallois, notamment en raison de son exemplarité. « *M. Gallois vivait dans l'entreprise, en situation de capillarité avec les salariés. Il s'appliquait à lui-même les consignes de modération salariale et pensait aussi aux soutiers qui assurent les missions du quotidien quand d'autres rêvent uniquement de grande vitesse.* »

À l'intérieur de l'entreprise, les commentaires sur le nouveau président sont amers. Non seulement en raison de sa personnalité et de ses méthodes, mais aussi parce que la ligne n'est pas claire. En recueillant des témoignages, j'ai été particulièrement frappé par le climat dans l'entreprise, autour du siège de la gare Montparnasse. La SNCF était une entreprise historique de « grandes gueules », de salariés et de cadres qui n'hésitent pas à donner leur avis. Le ton est aujourd'hui, à quelques exceptions près, à la courtisanerie et aux clans.

On ne peut pas reprocher à M. Pépy de s'entourer de collaborateurs loyaux. On ne peut d'ailleurs pas le charger de tous les maux. M. Pépy fait le grand écart dans une entreprise chargée de missions de service public et en même temps engagée sur le marché concurrentiel. L'ambivalence des missions de la SNCF est à mon sens pour beaucoup dans la conflictualité sociale radicale qui y subsiste. Par comparaison, un expert du secteur fait observer que les conflits sont moins nombreux à la RATP. Comment l'expliquer ? Les missions de la RATP sont moins ambiguës et mieux délimitées. Le dialogue social y est de meilleure qualité. L'explication tiendrait pour partie au caractère très lisible et homogène des missions de la régie. Mais il y a aussi des explications liées à la technostructure. Dans le conflit de la gare Saint-Lazare, plus d'un mois de grève, les discussions ont été erratiques et les échanges de bien faible qualité entre direction et syndicalistes. « *La direction n'avait rien à nous dire. Elle renvoyait les débats à plus tard* », commente un représentant syndical.

La SNCF est aussi une entreprise idéologique. Quand la gauche gagne les élections, elle confie le portefeuille des transports à un communiste. Bastion de la CGT, la SNCF compte pour beaucoup dans la domination que la fédération des transports exerce sur l'ensemble du syndicat. Aujourd'hui, M. Le Reste gère ce patrimoine en homme d'appareil. Au moment où elle se défait de sa dette, peu après 1998, l'entreprise doit mettre en œuvre la réforme des 35 heures.

Les cheminots n'y ont pas droit, mais ils l'obtiennent finalement, grève à l'appui, contre un gel des salaires. Le gel des salaires sera levé à l'issue d'un autre mouvement social. On réduit le temps de travail, mais il faut augmenter les effectifs. La réduction du temps de travail, c'est aussi le partage du travail. Lionel Jospin annonce 25 000 créations de postes. Jean-Claude Gayssot, ministre des Transports, charge la barque mais qu'importe, il ne gère pas l'entreprise, il fait de la politique. D'ailleurs, la structure de défaisance, RFF, est désormais chargée de porter la dette. La SNCF se sent plus légère. Cette politique de gribouille, qui tend à considérer les entreprises nationales comme des sanctuaires sociaux et politiques, a mené les chemins de fer dans la situation d'assistance où ils se trouvent aujourd'hui. La SNCF doit changer, et ces changements concernent tous les acteurs, direction et syndicats. Au passage, on sourira de la prime de « dividende salarial » de 207 € versée aux 158 000 cheminots au titre de l'intéressement sur « les bénéfices » de l'exercice 2008 ! Piètre exemple de gestion publique, mais qui correspond bien à l'air du temps. La gouvernance au fil de l'eau de la SNCF ne détone pas dans un monde fait d'apparences et de « coups de com », et peu préoccupé par la vérité. Les Français apprécieront !

# ▪ POUR UN ACCORD D'INTELLIGENCE SOCIALE

On comprend mieux la surdité qui frappe les différents acteurs du théâtre ferroviaire en écoutant les conversations dans les couloirs et les coulisses de l'entreprise. Une nouvelle génération de cadres est arrivée. Des jeunes gens issus des écoles de commerce ou des universités. Des têtes bien pleines, formées aux stratégies commerciales et aux outils marketing. « *Ces nouveaux cadres n'ont qu'un mot à la bouche,* dit un syndicaliste, *c'est la concurrence. On a l'impression que d'un seul coup on est passé dans un monde concurrentiel.* » D'un autre côté, ces jeunes diplômés débarquent dans l'entreprise avec une représentation presque caricaturale des cheminots et de leurs représentants syndicaux. Les deux populations ne parlent pas la même langue. Comment peuvent-elles se comprendre ? Il est plus que jamais nécessaire de clarifier les termes de ce dialogue de sourds. À ce stade, les non-dits sont trop nombreux. Si la SNCF n'est plus un service public mais une entreprise du marché, autant l'afficher clairement, les relations sociales n'en seront que plus claires.

Mais, au-delà, la SNCF a besoin de construire des relations internes véritablement codifiées. Les syndicalistes ont à produire un gros effort pour modifier leur propre représentation de l'usager. L'usager est un client. Et ce client a des droits. Dans un monde où l'activité repose d'abord sur la mobilité, le droit au transport est un droit fondamental, et parfois vital. Les grèves qui paralysent le pays pendant de longues périodes sont devenues inadmissibles. La SNCF n'est pas la seule entreprise qui abrite une conflictualité radicale. Ne pourrait-elle pas s'inspirer des accords d'intelligence économique qui ont été imaginés dans d'autres secteurs eux aussi conflictuels ?

Les usagers réclament aujourd'hui un vrai comité de prévention du risque social qui serait le préalable à tout mouvement de grève. Il ne s'agit pas de remettre en question le droit de grève, mais de le concilier avec le droit d'aller et venir, lui aussi constitutionnel. En 1998, à l'issue d'une grève cornélienne, les pilotes d'Air France étaient parvenus à signer un accord de concorde sociale avec la direction, au terme duquel ils se donnaient une période de dialogue et de conflictualité ouverte avant de recourir à la grève. À la Martinique, en 1999, après six mois de grève générale et de paralysie de l'île, des syndicats à caractère indépendantiste signent un accord de prévention des conflits sociaux avec le patronat local. Ce qui a été possible dans une entreprise corporatiste et dans un territoire de hautes luttes sociales ne le serait-il pas dans les chemins de fer[1] ?

---

1.  Le texte sur le dialogue social et la continuité du service public dans les transports réguliers de voyageurs prévoit des instances de consultation et de dialogue, mais il s'agit d'une obligation légale. Je suggère de mon côté qu'un accord soit recherché par les partenaires sociaux dans un cadre contractuel.

# ■ LES NON-DITS DU SERVICE MINIMUM

Les cheminots estiment que le service minimum n'est pas réaliste. Une grève qui ne gêne personne n'est plus une grève. Leurs représentants syndicaux rappellent à l'occasion que « les luttes » ont permis de faire avancer la qualité du service. Sans mouvement social et veille syndicale, disent-ils, la sécurisation des gares n'aurait pas été assurée jusqu'au dernier train. S'agissant du service minimum, la loi fait désormais obligation aux grévistes de se déclarer 48 heures à l'avance. La SNCF doit, de son côté, informer les usagers 24 heures avant le début du mouvement. Jean-Claude Delarue, de l'Association des usagers, affirme qu'il y a du mieux depuis le vote de la loi. Il note toutefois que le concept de service minimum a évolué. « *La promesse de campagne du candidat Sarkozy, c'était le maximum de trains le matin et le soir et presque rien entre les deux. Nous n'en sommes pas là. La loi a clarifié les droits et les devoirs de chacun*[1]. » Avant une grève, la SNCF est maintenant en mesure de mobiliser les forces disponibles pour assurer le meilleur service possible, notamment en Île-de-France où le train est le seul moyen de transport de nombreux banlieusards. Encore faut-il que les informations communiquées soient sincères. Dans certains cas, l'information est une arme de guerre. Une information inexacte dans un

---

1. Nicolas Sarkozy, le 24 avril 2007, s'engage à « *garantir trois heures de transport en continu pour se rendre à son travail en cas de grève et trois heures pour en revenir* ».

contexte de tension peut très vite se transformer en bombe à retardement. Pour opposer les usagers et les grévistes, rien n'est plus efficace qu'une promesse de train non tenue...

# Conclusion
# (et plaidoirie) !

Il n'est pas trop tard pour arrêter le massacre. En période de vaches maigres, la République doit serrer les rangs. Chaque euro des contribuables investi doit être un euro gagnant. Chaque investissement public doit devenir un investissement productif, et non une charge laissée aux générations futures. Monsieur le président, Monsieur Sarkozy, vous affirmez être un homme pratique et pragmatique. Si vous avez à cœur de sortir le pays de la crise, ne lui proposez pas un remède qui va encore aggraver sa situation.

Les projets de nouvelles LGV sont des machines à perdre, Monsieur le président, des chantiers pharaoniques qui vont à nouveau mobiliser l'argent des Français pour une utilité publique contestable. Tout le *cash* disponible doit être investi sur le réseau francilien qui croule sous le poids des ans. Ce réseau vétuste transporte chaque jour ceux « *qui se lèvent tôt* » pour aller travailler loin de leur domicile. C'est là que se trouvent les points de croissance que nous cherchons tous, et non pas entre Bordeaux et Toulouse ou entre Marseille et Nice.

Monsieur le président, vous qui venez de la société civile, vous qui avez été avocat avant d'entrer en politique, vous qui ne sortez pas du sérail, comment pouvez vous admettre que la collectivité consente de tels sacrifices pour une entreprise dont les comptes sont flous et, selon l'expression du député Hervé Mariton, « *contradictoires et incohérents* ». La SNCF enfume la République et les Français. Sur ses « bénéfices », sur ses projets et sur leur financement. Elle voudrait une gouvernance amnésique du pays, une gouvernance qui oublierait que la dette a été cantonnée et qui investirait aveuglément sans poser de questions.

On ne comprend pas la folie des grandeurs qui s'est progressivement emparée des dirigeants de la SNCF sans un retour dans la France des années 1970. Grâce aux progrès de l'industrie aéronautique, l'avion s'impose dans le pays comme un formidable outil d'aménagement de l'espace. Les dirigeants d'Air Inter inventent les tarifs bleu-blanc-rouge, les ancêtres de la segmentation tarifaire. Ils permettent alors de remplir les avions avec des billets à bas prix pour les familles, les étudiants ou les retraités. Dans cette France qui devient une société de services, l'avion gagne la bataille. Il est souple, flexible, moderne et rapide. Dans les coulisses, les dirigeants de la SNCF, qui s'étaient habitués à vivre comme les seigneurs de la République, les polytechniciens et autres ingénieurs des Ponts cherchent une réplique. Au lendemain de la Deuxième Guerre mondiale, les chemins de fer forment une des armatures du pays. Les dirigeants de l'entreprise nationale appartiennent toujours à la même aristocratie des présumées grandes écoles. Le commerce ? Les usagers ? La rentabilité ? Vous n'y songez pas, cher Monsieur, ces contraintes ancillaires n'ont rien à voir avec la noblesse de la tâche... Les ingénieurs conçoivent des projets fous qu'ils vont réussir à faire financer. Le projet TGV est autorisé en comité interministériel au début des années 1970. Dix ans plus tard, en 1981, le président de la République François Mitterrand inaugure la ligne à grande vitesse entre Paris et Lyon.

On nous présente aujourd'hui le TGV comme s'il était une évidence. Mais, à cette période, ne s'est-on jamais demandé s'il existait une autre solution ? Comme l'aménagement des voies existantes et l'amélioration de la motorisation des machines pour arriver à des vitesses voisines sans engager autant de milliards d'euros ? Les ingénieurs ont répondu que le seul projet sérieux était le TGV, que les trains pendulaires qui auraient pu être conçus sur les voies anciennes risquaient de donner mal au cœur aux voyageurs ! Le plus étonnant est que les politiques, dans leur grande vigilance, se sont laissé tromper par le cœur des ingénieux ! Quoi qu'il en soit, il est trop tard pour revenir en arrière, mais pas pour sauver ce qui peut encore l'être. Pour y parvenir, il est urgent d'informer les Français sur la réalité du rail et de ses projets.

Je pensais que l'on pouvait compter sur le président de la République, mais, en période de crise, les grands travaux des LGV arrivent à point nommé pour donner du travail aux grands entrepreneurs de travaux publics qui se plaignent du ralentissement de l'activité et plaident en faveur d'une politique de relance par « l'investissement ». Le Premier ministre est à peu près le seul à modérer l'ardeur des dirigeants de la SNCF en rappelant l'entreprise à ses missions quotidiennes. Inutile de parler du secrétaire d'État chargé des Transports. Ce poste ne sert à rien. Le transport en France est dirigé par le président d'Air France et par celui de la SNCF. En son temps, François Mitterrand avait mis fin à cette fiction politique en nommant, non sans humour, un secrétaire d'État aux Voies navigables et des Transports routiers. Les cours d'eau, les péniches et les camions, c'est ce qui reste au secrétaire d'État quand on a enlevé tout le reste ! Le seul à ne pas s'en apercevoir est en général l'intéressé lui-même.

## ■ LA BELLE ET LE COCU

Ne pensez pas que les dirigeants de RFF sont satisfaits du sort qui leur est réservé. Ils ricanent quand la SNCF présente des comptes au vert. « *Facile,* persifle un des membres de la haute direction, *c'est nous qui avons pris les semelles de plomb.* » D'autant plus facile que RFF n'a pour le moment qu'un seul client, et un seul fournisseur majeur : la SNCF. Pour ce qui est du client, nous avons vu que le marché est faussé puisque les prix sont fixés en fonction de la capacité du client à payer (péages). Quant au fournisseur (entretien des voies), il est moins exigeant avec lui-même qu'avec son client. À la Cour des comptes, où on suit ce dossier avec une obstination républicaine, les auditeurs souhaiteraient que les contrats liant le fournisseur SNCF au donneur d'ordre RFF soient assortis d'indicateurs « précis » de performance. « *On ne travaille plus à la papa,* dit l'un d'entre eux, *aujourd'hui pour être plus performant, on cherche à comparer les prix et les services offerts.* »

Or, les seuls éléments de comparaison dont nous disposions sont ceux des entreprises du secteur privé, sous-traitantes de la SNCF sur les chantiers. Leurs dirigeants ne sont pas très bavards. On les comprend. En revanche, les cadres de terrain ont développé une expertise du *benchmark* entre leurs équipes et celles de la SNCF. Ils disent que le temps effectivement travaillé par les équipes SNCF correspond à moins de 50 % de la durée légale du temps de travail. La réforme de 1997 séparant le rail de l'exploitation aurait pu être une formidable occasion de repartir de zéro, sur des bases saines. En réalité, le cantonnement de la dette de la SNCF dans RFF a agi comme un cachet d'aspirine. Il n'a pas soigné la maladie, mais il a fait redescendre la fièvre, et, du coup, le malade s'est remis à ses vieilles habitudes.

La question de l'autorité de distribution des sillons devrait se poser à très brefs délais entre RFF et la SNCF. Les sillons correspondent aux passages des trains. Ils sont l'objet de règles d'utilisation précises (distance entre deux convois) et d'arbitrages (priorité aux transports de voyageurs sur les convois de fret). Deux problèmes se posent :

- Les sillons sont actuellement gérés par la SNCF ; c'est un peu comme si on confiait à Air France le soin de gérer les droits de décollage et d'atterrissage dans les aéroports français. Le monde ferroviaire n'est pas arrivé à « maturité » de concurrence, comme c'est le cas du transport aérien. Mais la concurrence est pour la fin de la décennie, et il faut au moins proposer un mode d'emploi acceptable par tous. La gestion des sillons pourrait être confiée à une autorité indépendante au sein de la SNCF. On ne sait pas encore ce que recouvre cette formule originale, mais c'est un premier pas. À la différence du transport aérien, les sillons sont un produit marchand. Les compagnies aériennes paient des redevances et des taxes, mais les *slots* ne sont pas considérés comme des actifs appartenant aux compagnies et, à ce titre, ne sont pas des produits commerciaux.

- La deuxième question est liée à la première. La libéralisation du fret va faire exploser la demande des opérateurs privés. Le réseau devra être géré avec précision, et ses capacités devront être optimisées. Je ne retiendrai qu'un point : selon le président de RFF cité par le journal *Les Échos* du lundi 14 avril 2008, « *en mettant les trains en ordre, on gagne de 10 à 15 % de capacité et on repousse de dix ans les investissements* ». Monsieur le président, banco !

Le combat à livrer est donc celui de chacun d'entre nous. Pour vous ouvrir l'esprit, tapotez-vous la joue et ouvrez grands les yeux. Je résume : les dettes de la SNCF ont été isolées dans la coquille RFF ou prises en charge par l'État, c'est-à-dire vous et moi (28 milliards + 5 milliards d'euros). Le régime de retraite des agents de la SNCF est structurellement déficitaire (160 000 actifs pour 380 000 retraités), à tel point que les provisions retraites et prévoyance dépassent les 100 milliards d'euros. Sur 32 000 kilomètres de réseau, un quart seulement est correctement entretenu : 60 % des trains roulent sur le réseau Île-de-France, qui est non seulement mal entretenu (sauf pour les sillons TGV qui sortent de Paris), mais, de surcroît, archisaturé. En dépit de ce trou noir ferroviaire, au beau milieu du pays, les pouvoirs publics nous disent qu'il faut encore investir sur la construction de nouvelles lignes à grande vitesse, alors que la SNCF n'est pas capable de payer des péages suffisants pour entretenir celles qui existent.

La question de la croissance du réseau se pose avec plus d'acuité en période de crise. En 2009, tous les modes de transport seront impactés par la crise. Déjà, les entreprises encouragent leurs cadres et leurs dirigeants à utiliser tout le potentiel des techniques de communication pour éviter les déplacements. Le moment est-il bien choisi de construire de nouvelles voies à grande vitesse. Si l'objet est de remplir les carnets de commandes des travaux publics, le chantier de l'Île-de-France et celui des transports régionaux ont de quoi soutenir l'activité des grandes et des petites entreprises du pays pour au moins trente-six mois.

Le vrai scandale est donc là, sous nos yeux ! On nous ment sur les comptes de la SNCF et de RFF, comme on nous ment sur l'argent public et sur les conditions de gestion des chemins de fer en France. Au début des années 1990, David Azéma, ancien dirigeant financier de la SNCF, avait déjà tiré le signal d'alarme. Le déficit dérapait, l'endettement aussi, et les coûts de production, à l'inverse de la théorie des rendements croissants, continuaient d'augmenter. On ne peut prétendre vouloir gérer l'argent public selon les règles prudentielles et, en même temps, laisser éternellement filer les déficits. Pire, on ne peut profiter d'une maladie chronique (la crise actuelle) pour charger les contribuables et leurs ayants droit en imposant des investissements stupides et contre-productifs. Je sais qu'en cas de maladie grave on est prêt à écouter n'importe quel charlatan. Il est temps cependant de reprendre les commandes.

Laissera-t-on la SNCF dépenser sans compter et continuer de nous vendre des projets fumeux et inflationnistes avec la complicité de quelques élus peu soucieux de l'argent public, ou allons-nous enfin imposer aux dirigeants de l'entreprise publique de mener la seule bataille qui vaille : la bataille des coûts ?

<hr>

### Indispensables réformes

- **La première réforme à conduire est celle des coûts de production**. Les règles d'emploi et de revenus devront être revues. À la SNCF plus qu'ailleurs, le temps de travail doit être ramené d'urgence à 39 heures ou, à défaut, tout doit être mis en œuvre pour que les 35 heures soient réellement travaillées. Quand une entreprise est dans l'état de la SNCF, tout le monde, de la direction jusqu'aux salariés de base, doit se retrousser les manches. Les roulants sont à l'heure actuelle les plus exposés aux gains de productivité. C'est souvent loin d'être le cas de tous les autres. La bataille des coûts induit un volume travaillé supérieur, mais aussi la remise en cause de méthodes de travail peu adaptées aux exigences du marché. En contrepartie de cet effort, la direction de l'entreprise doit s'engager à maintenir un niveau d'emploi suffisant pour assurer un service de qualité.

- **Quatre centres de résultat pourraient être créés ou, à défaut, délimités clairement**. Les Français, consommateurs ou contribuables, et l'État ont le droit de savoir quelles sont les performances réelles des différentes activités : le TGV, les trains régionaux, les grandes lignes et le fret. Cette division n'aura de sens que si les flux RFF-SNCF sont transparents et sincères. Les travaux réalisés par la SNCF pour le compte de RFF devraient pouvoir s'inscrire dans un barème compétitif. En l'absence de concurrence, il serait salutaire de disposer d'éléments de comparaison (par exemple avec des entreprises privées). Les travaux réalisés par la SNCF pour RFF sont-ils oui ou non dans les prix du marché ? Si tel n'est pas le cas, l'entreprise prestataire devra adapter son modèle de production pour répondre aux attentes de son client.

.../...

.../...

La création de centres de résultats (sans filialisation et toujours dans le périmètre de la société) aurait de surcroît l'immense avantage de simplifier les lignes hiérarchiques et de faciliter la gestion des relations humaines. Tous les experts le disent, les hiérarchies pléthoriques et surabondantes de l'entreprise contribuent à la lourdeur de l'activité. La SNCF doit réformer ses procédures en les simplifiant et ramener la décision au plus près du terrain, dans le cadre d'une culture opérationnelle. En un mot, l'efficacité doit commander.

- **Le trafic en Île-de-France devra tôt ou tard être géré par une seule et même entreprise** : un établissement public industriel et commercial fusionnant les activités de la SNCF et celles de la RATP. Le statut des personnels de cette entreprise devra tenir compte des avantages des salariés des deux entreprises. L'objectif de la fusion n'est pas de faire moins, mais de faire mieux. Pourquoi une nouvelle structure ? Pour tenir compte de l'évolution des missions de l'entreprise SNCF. La nouvelle coquille opérationnelle IDF sera chargée de missions de service public sur un terrain non concurrentiel. L'homogénéité des missions est un facteur de productivité et d'efficacité économique.

- **Un accord d'intelligence sociale doit rapidement être trouvé entre les cheminots, les syndicats, la direction, les pouvoirs publics et les associations de consommateurs.** Lieu de prévention des conflits, cette instance aura aussi pour mission de réactualiser en permanence les termes du compromis national autour des transports et des infrastructures de transport. L'utilisation abusive du droit de retrait devra être lourdement sanctionnée.

- **Les pratiques de passage au grade supérieur quelques mois avant le départ en retraite pour augmenter le niveau des pensions doivent être abandonnées.** Le passage au grade supérieur se justifie par des raisons de service et s'adosse à la compétence des agents promus.

.../...

...∕...

Il ne peut s'agir en aucune façon d'un avancement mécanique. Ces pratiques ont contribué à alourdir le déficit du régime des retraites des cheminots, déjà lourdement impacté par l'évolution de la démographie.

- **Chaque année, l'État, RFF et la SNCF doivent s'engager à publier les vrais chiffres de l'activité.** Les contribuables peuvent comprendre que les services ferroviaires induisent une contribution publique, mais ils ont le droit de savoir combien coûte réellement le train en France.

- **Le gel immédiat des chantiers supplémentaires de lignes à grande vitesse et la réorientation de la capacité d'investissement de la SNCF vers le chantier des trains de proximité.** C'est en Île-de-France que se joue la capacité de la SNCF à demeurer une entreprise au service du public.

- **Une haute autorité de gestion des grandes gares devrait être créée sur le modèle d'Aéroport de Paris, avec pour vocation de transformer les gares en centre de vie,** en y développant des flux d'information, ainsi que des activités commerciales et culturelles. Les gares sont des centres de profit mal exploités. L'exemple de la toute nouvelle gare de l'Est est à retenir pour servir de base à la réflexion.

## ■ THÉORISER L'INTERMODALITÉ

Les élus des grandes villes de France nous parlent aujourd'hui du « vivre ensemble intermodal ». Ils veulent dire que tous les moyens de transport vivent ensemble à l'intérieur des centres urbains. À l'échelon national, il nous manque un débat large, démocratique et documenté sur la pertinence de chacun des grands modes de transport. Ce débat aurait aussi du sens au niveau européen.

D'abord, sur le plan de la pertinence. Le train est-il, par exemple, le moyen de transport le plus efficace pour répondre aux besoins de transport intra-européens, correspondant à des trajets de type moyen courrier ? Ensuite, on nous dit fréquemment que le train est plus écologique, en adossant ce raisonnement aux énergies dites « propres ». En France, presque 80 % de l'électricité est d'origine nucléaire. Nous laisserons volontairement de côté le débat sur l'enfouissement des déchets nucléaires radioactifs pour rappeler que les autres pays européens sont moins vertueux. À l'échelon européen, les chiffres s'inversent : 70 % de l'énergie électrique européenne est d'origine thermique et, à ce titre, très polluante. Mais il y a aussi les coûts environnementaux indirects qui ne sont jamais pris en compte quand on évoque la construction des lignes à grande vitesse. Combien de millions de tonnes de $CO_2$ dégagées par les immenses travaux mis en œuvre ? Personne ne le dit. Et une chape de plomb s'abat quand on pose la question.

Une campagne de publicité du site « voyages-sncf.com » ironisait sur la perspective d'un train entre Paris et New York en appelant l'attention des internautes sur le fait que le site des chemins de fer vendait aussi des billets d'avion ! Les logiques de déplacement et de mobilité sont à cet égard très ouvertes. Il y a de la place pour la voiture, pour le train, pour les autocars et pour l'avion. Un homme d'affaires, et il en faut, ne prendra pas le train pour rallier Francfort à Madrid. En tout cas, pas dans un proche avenir. Pour aller de Brive à Clermont-Ferrand, la voiture est devenue le seul moyen de transport disponible. Le rail, de son côté, est un formidable outil de déplacement sur des distances inférieures à 800 kilomètres, et le seul moyen vertueux de mobilité intra-urbaine. Dans notre société moderne, la croissance dépend aussi des opportunités de mobilité efficace qui sont proposées. C'est une raison de plus pour ouvrir un grand débat sur les besoins prioritaires des Français en matière de transport public.

# Les chiffres clés

- 4,5 millions de trains circulent chaque année sur le réseau SNCF.

- 60 % des trains circulent en Île-de-France.

- 16 000 agents de conduite en France.

- Le régime de retraite des cheminots : 180 000 actifs pour 360 000 retraités.

- 40 % des agents de la SNCF appartiennent à la maîtrise ou à l'encadrement.

- Le chiffre d'affaires de l'établissement public industriel et commercial était de 17,4 milliards d'euros en 2007. Le CA du groupe SNCF (incluant toutes les autres activités) de 23,2 milliards.

- Le chiffre d'affaires du TGV est de l'ordre de 1,2 milliard d'euros. L'entreprise affirme que ce secteur dégage une marge de 20 %. Le prix moyen coupon TGV est, selon Guillaume Pépy, de 42 €.

- Le taux moyen d'occupation des TGV est de 75 %.

- La durée moyenne d'utilisation d'une rame TGV est de 7,16 heures par jour.

- Le déficit d'exploitation des trains Corail était de 70 millions d'euros en 2008.
- Le déficit d'exploitation du fret était de 234 millions d'euros en 2007.
- Chaque année, l'Europe verse presque 40 milliards d'euros au transport ferroviaire.
- Chaque année, en France, la contribution publique au transport ferroviaire est de l'ordre de 12 milliards d'euros.
- La grève de la gare Saint-Lazare de décembre 2008 à janvier 2009 a coûté 8 millions d'euros à l'entreprise. Les demandes des grévistes représentaient un enjeu de 150 000 €.

# Index